社会治理丛书 | 丛书主编：但彦铮

Policing and Psychology Nicholas Blagden

警务心理学

[英]尼古拉斯·布莱顿 著　郭薇 译

知识产权出版社
全国百佳图书出版单位

图书在版编目（CIP）数据

警务心理学/（英）布莱顿（Blagden, N.）著. 郭薇译. —北京：知识产权出版社，2014.8

（社会治理丛书）

书名原文：Policing and Psychology

ISBN 978-7-5130-2872-1

Ⅰ.①警… Ⅱ.①布…②郭… Ⅲ.①警察—心理学 Ⅳ.①D035.3

中国版本图书馆 CIP 数据核字（2014）第 171654 号

English language edition published by SAGE Publications of London, Thousand Oaks, New Delhi and Singapore, © Nicholas Blagden, 2012.

本书中文简体版由 SAGE Publications Ltd 授权知识产权出版社有限责任公司出版。未经出版者书面许可，不得以任何形式复制或抄袭本书的任何部分。

责任编辑：汤腊冬　刘丽丽　　　责任校对：董志英
装帧设计：陶建胜　　　　　　　责任出版：刘译文

警务心理学

[英] 尼古拉斯·布莱顿 著　　郭　薇 译

出版发行：	知识产权出版社有限责任公司	网　　址：	http://www.ipph.cn
社　　址：	北京市海淀区马甸南村1号	邮　　编：	100088
责编电话：	010-82000860 转 8252	责编邮箱：	liuli8260@163.com
发行电话：	010-82000860 转 8101/8102	发行传真：	010-82000893/82005070
印　　刷：	三河市国英印务有限公司	经　　销：	网上书店、新华书店及专业书店
开　　本：	720mm×1000mm 1/16	印　　张：	12.75
版　　次：	2014 年 8 月第 1 版	印　　次：	2014 年 8 月第 1 次印刷
字　　数：	126 千字	定　　价：	38.00 元
ISBN 978-7-5130-2872-1			
京权图字：01-2014-7880			

出版权专有　侵权必究

如有印装质量问题，本社负责调换。

内容提要

本书聚焦于警务心理学的相关内容，它是心理学与社会实践相结合的产物，其主要目的是探索可将心理学有效地应用于警务实践的多种可行方式，从而提升警务工作。

本书关注心理学理论、概念及研究与警务工作的关联性，突出心理学对警务工作的影响。本书共8章，第1章为绪论，第8章对全书进行了总结并展望未来，第2～7章分别介绍了"关于犯罪和犯罪行为的心理学理论""警务、归因、刻板印象和偏见""沟通、人际交往和讯问技能""侦查心理学和犯罪画像""受害者和受害的心理后果""压力、倦怠、应对和警务"。通过学习本书，警务专业的学生和警察可以获得与其工作相关的知识，提高工作绩效，更好地为公众服务，维护社会秩序。

本书适合现役警察、实习警员、有兴趣的警校学员和心理学专业学生阅读。

致　谢

　　我要感谢我在哈德斯菲尔德大学、林肯大学和诺丁汉大学的同事们。我在训练警察时积累的经验激发了本书的某些观点，我要感谢我在哈德斯菲尔德大学任教时的学生们。我还要感谢珍妮弗·克拉克的耐心，感谢妈妈和艾米丽的悉心校对。当然，如果有任何错误，也都是我自己一人所造成的。

　　我将本书献给我美好的家庭，献给我的母亲、父亲、妻子艾米丽和我们漂亮的儿子迪伦和杰克。我爱你们，能够拥有你们是我一生最大的幸运。

目录

1 警务心理学：绪论 (1)

警务工作与心理学 (2)

本书构架 (5)

2 关于犯罪和犯罪行为的心理学理论 (9)

引言 (11)

心理—生物理论 (11)

依恋 (18)

社会学习和差别接触 (21)

人格 (22)

认知—行为理论 (28)

本章小结 (34)

3 警务、归因、刻板印象和偏见 ………………………… (42)

引　言 …………………………………………………… (44)
社会分类和刻板印象 …………………………………… (44)
社会认同理论 …………………………………………… (47)
偏　见 …………………………………………………… (49)
归　因 …………………………………………………… (53)
制造印象 ………………………………………………… (61)
本章小结 ………………………………………………… (65)

4 沟通、人际交往和讯问技能 …………………………… (71)

引　言 …………………………………………………… (73)
讯问嫌犯 ………………………………………………… (74)
讯问受害者 ……………………………………………… (82)
本章小结 ………………………………………………… (90)

5 侦查心理学和犯罪画像 ………………………………… (95)

引　言 …………………………………………………… (97)
犯罪和罪犯画像：背景和概观 ………………………… (98)
犯罪画像的类型 ………………………………………… (100)
犯罪画像：证据基础 …………………………………… (114)

警务实践和实际问题 …………………………… (118)

本章小结 ………………………………………… (121)

6 受害者和受害的心理后果 ……………………… (126)

引　言 …………………………………………… (128)

定义受害者 ……………………………………… (128)

受害的普遍性 …………………………………… (131)

为什么有些人不愿意报案 ……………………… (133)

受害的心理后果 ………………………………… (139)

应对犯罪受害 …………………………………… (144)

间接受害者受到的影响 ………………………… (149)

对受害者的支持 ………………………………… (149)

有效警务工作的重要性 ………………………… (152)

本章小结 ………………………………………… (154)

7 压力、倦怠、应对和警务 ………………………… (161)

引　言 …………………………………………… (163)

压　力 …………………………………………… (163)

压力和警务 ……………………………………… (167)

倦怠和警务 ……………………………………… (173)

本章小结 ………………………………………… (180)

8 结 论 (185)

本书重点 (186)

未来的方向 (188)

本章小结 (189)

1 警务心理学:绪论

本书写于一个警察队伍变化与不确定的特殊时期:政府预算缩减,招募工作停滞不前,公众满意度和警务服务有待提升,这些都意味着岗位需求和压力将会增加。随着警务管理变得越来越专业化和有组织化,心理学在警务工作的各个方面也须发挥越来越大的作用。心理学研究影响了警察训练、警员招募和甄选,促进了人们对压力和职业倦怠的了解,同时也在诸如罪犯画像和人质事件等专业领域中做出了贡献(Kapardis,2010)。也许心理学产生影响最大的领域之一是警方与公众的关系,例如警方与公众、受害者及罪犯的互动。警方与公众的关系是警务训练的一个重要方面,警务人员需要学习一些重要的技能,如倾听与交流,有效地做出决策,解决争端,感知压力,避免形成刻板印象和偏见(Reiser,1982;Reiser & Klyver,1987;Sprackman,2000;Skolnick,2008)。其重要性也正如戈尔茨坦所说:由警民关系引发的投诉可在很大程度上解释为何警方备受关注(Goldstein 1994,p323)。

因此，警务工作受一系列动态心理学因素影响，了解这些因素将会有助于各方面警务工作的开展（Brewer & Wilson，1995）。本书的目的在于强调如何将心理学应用于警务工作。心理学被定义为对人类思维和行为的科学研究，在英国，它受英国心理学协会（BPS，2011）的管理。由于心理学与思维和行为有关，它与警务工作的相关性也就显而易见。例如，当某位警务人员与受害者、市民或罪犯打交道时，这一过程很明显会涉及心理。与之相似，在运用审问技巧时心理过程也起到了作用，例如在进行调查、认知访谈或当警方需要向犯罪画像人员寻求协助的时候。鉴于心理学和心理学研究关注思维和行为，心理学家对犯罪、罪犯、刑事司法和改造越来越感兴趣就不足为奇了（Reiser，1982）。

实践任务

思考心理学可以以哪些不同方式应用于警务，并汇总出所有受心理学影响或涉及心理学的警务工作。

警务工作与心理学

罗伯特·皮尔（Robert Peel）爵士对于警察部队的创立和推进起到了积极的作用，他当初设立现代警察部队的目的到现在仍然在发挥作用。现今，警察服务是依据1964年的警察法案所设立的一个三方监管体系进行管理。该法案明确了内政大臣、地方警察署（当时被称为协会）和地方警察局长的角色和责任。三方监管体系的目的在于确保实际警务工作的开展不受政治的直接干预，同时也确保了警察在服务公众时的可靠、有效和迅捷（Blake et al.，2010）。布莱克等人（Blake et al.，2010，p15）强调了当前警察服务的目标：

- 公平、坚定地捍卫法律；
- 预防犯罪；
- 追捕并将犯罪者绳之以法；
- 维护公共治安；
- 保护、帮助和确保社会安宁；
- 做任何事情都清廉、通情理以及判断合理。

心理学的很多方面都适用于现代警务目标。实际上，将心理学应用于警务工作已经不是什么新鲜事儿了。有些人已经注意到，1984年，在美国联邦调查局（FBI）主办的全国警察心理服务研讨会上，"警务心理学"已经作为一个专业领域诞生了（Bartol，1996）。但有些人提出，其实在那之前，1968年马丁·雷塞（Martin Reiser）是第一位被警方雇用的心理学专家。然而，也许欧洲大陆才是心理学与警务结合的发源地。早在1919年，德国人就开始任用心理学家，1966年，慕尼黑警察局雇用了一位全职心理学家，让他在各种侦查事务方面训练警员（Bartol，

1996)。不过,心理学和警务的配合却不是那么容易,心理学家与警务人员之间仍然会相互怀疑。警方有一种倾向,认为心理学家头脑不清,脱离现实,是天马行空的想象者和空想的社会改良家。而心理学家则认为警察感觉迟钝,四肢发达,头脑简单(Ainsworth,2002)。在某种程度上,警方可能还受到公众观点的影响,公众倾向于认为心理学是不科学的(Lilienfield,2011)。

在帮助警察理解和解释各种与警务实践相关的现象时,心理学发挥了非常重要的作用,正因为这样,这两个专业之间的相互尊重也得到了提升。的确,在过去的20多年中,警务心理学方面的研究持续增长,这使得美国心理学会(APA)认为它已是一门严谨的专业心理学(Aumiller & Corey,2007;Snook et al.,2009)。然而,警方依然很少雇用心理学家和采用心理服务,尤其是在英国。不过,有些心理学家会向警方提供辅导、在系列刑事案件中提供咨询或专业画像。另外,也出现了"行为调查顾问"(BIAs),他们会对严重刑事案件的调查提供支持,包括风险评估、案件关联、审问策略和悬案回顾(NPIA,2011)。尽管行为调查顾问在处理严重刑事案件中成为了常规力量,英国警察部门却只有区区5名全职雇员,外加30位外聘顾问。

在美国,由于有着更多的全职警务心理专家,警务心理学这个专业更为众人所知。心理学家的角色也是多种多样的,并不仅限于犯罪画像和严重刑事案件。斯克利夫那(Scrivner,1994)发现,警务心理专家更多的是提供心理健康服务(例如心理辅导和心理健康训练）和评估。巴特尔（Bartol, 1996）发现，警务心理专家们在筛选（即警员招聘）和辅导警员上花费了大量时间，只有10%的时间用于实践行动，如画像、人质谈判等。研究还显示，在美国，有30%~50%的警察部门在训练中使用心理学服务，10%~30%的部门将心理学知识用于调查（Snook et al., 2009）。

本书是关于警务心理学的，其主要目的是探索心理学可通过哪些方式有效地用于警务实践。因此本书将重点探讨如何将心理学理论用于警务实践。通过理解书中涉及的各种心理学概念，警察专业的学生和警官可以获得与其工作相关的知识，从而提高自己的工作绩效。

本书构架

本书通过介绍一系列理论、概念和研究来探索心理学和当代警务的关联性，全书聚焦于与警务实践相关的内容，现役警察、实习警员和有兴趣的警校学员或心理学专业学生将会对此感兴趣。本书关注了对警务实践有直接影响的内容，如沟通技巧、与受害者的交流、压力应对和职业枯竭以及刻板印象的形成过程和归因。同时，本书还考虑了犯罪画像的证据和侦查心理学，以及对犯罪和犯罪行为的心理学解释。本书各章节关注的内容如下：

第2章重点关注关于犯罪和犯罪行为的心理学理论。对这些理论的了解将会使读者更加理解特定人群的犯罪原因。"心理—生物学"理论提出了一个问题，即犯罪是由生物因素驱动还是由遗传因素驱动。"依恋理论"强调早期的成长经历，尤其是与父母或早期照料者在一起的经历。"人格"理论被应用于犯罪行为的探究，试图发现何种人格类型更具有罪因性。第2章还探讨了是否存在"警察人格"。另外还提及了认知理论，这将揭示出犯罪的发生是出于思维错误还是决策错误。探讨的每一个理论都与警务和警察工作相关联。

第3章重点阐述刻板印象、归因和偏见，以及它们如何影响警务工作。该章探讨了刻板印象如何形成以及它如何导致偏见，我们如何对行为作出归因以及归因为何容易出错。

第4章介绍沟通、人际交往和讯问技能在警务工作中的重要性，概述了调查讯问的过程，并辩证地讨论了对罪犯和受害者进行有效讯问时所需要的技能。

第5章重点探讨侦查心理学和犯罪画像，讨论了罪犯画像的优点和神奇之处。

第6章将重点放在犯罪行为的受害者和犯罪行为对个体所产生的影响上。鉴于警方十分重视对受害者需求的满足，且受害者对于破案来说非常关键，所以该章是一个十分重要的章节。

第7章探讨了压力和倦怠。它介绍了何为压力，并提供了一些压力应对方式，既包括常规的应对方式，也包括适用于警务的特定压力应对方式。

第8章对全书内容进行了一个简短的总结。

REFERENCES

Ainsworth, PB (2002) *Psychology and Policing*. Cullompton: Willan.

Aumiller GS, and Corey, D (2007) Defining the Field of Police Psychology: Core domains and proficiencies. *Journal of Police and Criminal Psychology*, 22 (2): 65 – 76.

Bartol, CR (1996) Police Psychology: Then, now, and beyond. *Criminal Justice and Behavior*, 23: 70 – 89.

Blake, C, Sheldon, B and Williams, P (2010) *Policing and Criminal Justice*. Exeter: Learning Matters.

BPS (British Psychological Society) (2011) *Psychology and the Public*. Online at www. bps. org. uk/ psychology – public/psychology – and – public (accessed 2 February 2011).

Brewer, N and Wilson, C (eds) (1995) *Psychology and Policing*. Hillsdale, NJ: Lawrence Erlbaum.

Goldstein, H (1994) Controlling and Reviewing Police – Citizen Contact, in Barker, T and Carter, DL (eds) *Police Deviance*. Cincinnati, OH: Anderson.

Kapardis, A (2010) *Psychology and Law: A critical introduction*. Cambridge: Cambridge University Press.

Lilienfeld, SO (2011) Public Skepticism of Psychology: Why many people perceive the study of human behaviour as unscientific. *American Psychologist*, 64 (8): 644 – 58.

NPIA (National Policing Improvement Agency) (2011) Behavioural Investigative Advisors. Online at www. npia. police. uk/en/6852. htm (accessed 1 April 2011).

Reiser, M (1982) *Police Psychology: Collected papers*. Los Angeles, CA: LEHI.

Reiser, M and Klyver, N (1987) Consulting with the Police, in Weiner, IB and Hess, HK (eds) *Handbook of Forensic Psychology*. Chichester: John Wiley.

Scrivner, EM (1994) *The Role of Police Psychology in Controlling Excessive Force*. Washington, DC: National Institute of Justice.

Skolnick, J (2008) Enduring Issues of Police Culture and Demographics. *Policing and Society*, 18 (1): 34–45.

Snook, B, Doan, B, Cullen, RM, Kavanagh, JM and Eastwood, J (2009) Publication and Research Trends in Police Psychology: A review of five forensic psychology journals. *Journal of Police and Criminal Psychology*, 24: 45–50.

Sprackman, P (2000) *Helping People Cope with Crime*. London: Hodder.

USEFUL WEBSITES

www. apa. org/ed/graduate/specialize/police. aspx — American Psychological Association, Public description of Police Psychology

www. bps. org. uk/psychology – public/psychology – and – public – British Psychological Society, Psychology and the Public

www. i – psy. com – Centre for Investigative Psychology www. npia. police. uk – National Policing Improvement Agency

www. npia. police. uk/en/6852. htm – NPIA information on behavioural investigative advisers (BIAs)

2 关于犯罪和犯罪行为的心理学理论

➔ 本章目标 ➔

在完成本章的学习后,你应能做到以下几点:

- 了解关于犯罪和犯罪行为的一些主要的心理学理论;
- 将这些理论应用于案例分析和真实案例中;
- 辩证地思考犯罪心理学理论及其在犯罪行为中的应用。

➔ 与标准的关联 ➔

本章内容可能与国家职业标准(NOS,2008)中关于警务与执法部门所需司法技能的规定有所关联。

AE1　保持与提升你的知识和能力。

HA2　管理自己的资源和职业规划。

HF15　为决策提供信息。

随着资格与学分框架(QCF)的推行,"国家职业标准"这一说法也许会发生一些改变。但在本书撰写时，新提法还没有确定，有些组织会使用"资格与学分评估单元"这一提法。

每一章的开头都会提到该章内容与国家职业标准的关联性。但是，要注意的是，这些只是本书撰写时的情况，具体情况请参阅司法职业技能网站：www.skillforjustice－nosfinder.com*.

---

* 本书中所有加*的网址皆为外网网址，可能无法打开，但为保证原书的完整性仍予以保留。——译者注

2 关于犯罪和犯罪行为的心理学理论

引 言

多年来,学者和从业者一直试图解释人们为何会犯罪。本章探讨了一些心理学理论,它们可以帮助解释并预测为什么一些人会犯罪、而另一些人不会犯罪。本章目标在于深入概括一些关键理论,包括心理—生物理论、社会理论和认知—行为取向。通过对这些理论的理解,学生,尤其是寻求在执法部门工作的那些学生,将会对影响犯罪行为的因素有深入的了解。对这些理论的理解将拓宽学生和实习生对于犯罪行为原因(如果有具体原因的话)的觉察。

思 考

花几分钟时间思考并写下你认为哪些因素可能会影响犯罪行为。

心理—生物理论

在先天与后天之争的问题上,生物和心理—生物理论青睐于对犯罪行为做"先天"解释。这些理论指出,个体的某些生物学病态导致了犯罪行为的发生,而另外一些外部环境因素,如社会贫富不均、司法不公正或不公平并非导致犯罪的原因。当早期的生物学理论越来越受到怀疑时，新技术的出现，尤其是利用功能性磁共振成像来研究脑部活动和构造的心理学研究的激增，使得生物学解释又重归人们的视野。根据雷恩（Raine，2004）所说，相比社会因素，基因和生物学因素在犯罪中扮演着至少同等重要的角色。不过，让我们先来看看一些关于犯罪和犯罪行为的早期和近期的生物学解释。

切萨雷·龙勃罗梭（Cesare Lombroso，1876）对犯罪的生物学解释可能是早期最有名的解释之一。龙勃罗梭相信，罪犯代表了一种退化的形式，且是一种返祖的表现——一种退化到进化早期的形式。例如，龙勃罗梭断言，倾斜的前额、长长的手臂、向后的颏和异形的耳朵都是罪犯的生理特征（Lilly et al.，1995）。他还提到，杀人犯具有浓密的卷发、强壮的颚和充血的眼睛，而性侵犯者有着斜眼、浓密的头发和突兀的耳朵。出于多种原因，例如不使用对照组、大量使用精神异常和功能障碍人群，龙勃罗梭的研究受到高度怀疑。

威廉·谢尔登（William Sheldon，1942）提出，体型和人格类型是相对应的，并列出了以下对应模式。

- 外胚叶型——高、瘦、拘谨＝内敛
- 中胚叶型——肌肉发达、强壮、倒三角（V形背）＝攻击、冒险
- 内胚叶型——大块头、高体重＝随和、放松

2 关于犯罪和犯罪行为的心理学理论

谢尔登（Sheldon，1942）对大量被关押在改造机构中的男性进行了研究，从而深化了他的理论，并根据这三种类型评估了罪犯的体型（见图2.1）。他发现，在被关押的人群中，有大量的中胚叶型，一些内胚叶型和少数的外胚叶型（Harrower，1998）。格卢克等（Glueck，1956）在他们的一项类似研究中发现，与对照组相比，违法人群中中胚叶型体型的人是其他体型人的两倍之多。然而，这些理论也招来了严重质疑，其中一项批评认为，这些发现极有可能会导致刻板印象（见第3章）。例如，如果警方或法院认定了犯罪分子具有某种特定体型，可能会影响他们对某个人作出逮捕和定罪的决策（Harrower，1998）。正如我们会在第3章中看到的，我们都会以对某人的第一印象来判断之，这种代表性判断很有可能是因为某些人"看上去像罪犯"或有着一张"不合适"的面孔。

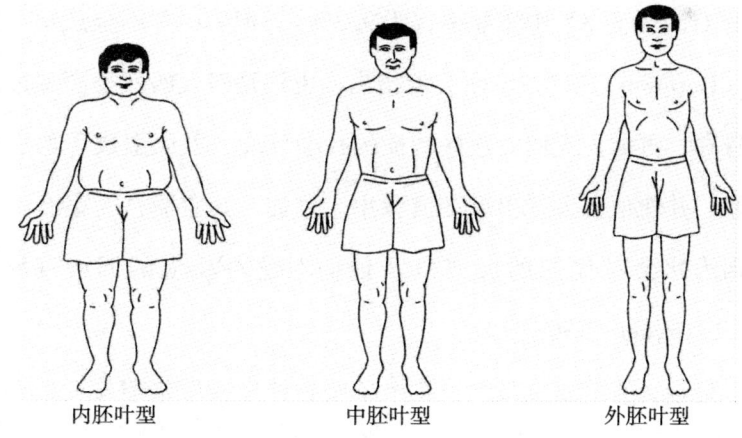

内胚叶型　　　　中胚叶型　　　　外胚叶型

图2.1　不同体型

在20世纪60年代，人们的兴趣从物理特征与犯罪行为的联系开始转变成心理特征与犯罪行为的联系。在这个时代，研究者通过对基因异常，尤其是"XYY综合征"的研究，提出了对犯罪行为的新解释。这种综合征是由于基因中携带了一条多余的Y染色体，从而导致染色体异常，通常伴随着低智商和高于平均水平的身高。20世纪60年代和70年代早期的研究显示，在监狱和医院中有着更多的XYY男性，且这些男性暴力犯罪的倾向严重。多余Y染色体的存在是否会导致严重的人格缺陷并使病人更容易犯罪，人们对这个问题存有争议。进一步的研究认为，XYY人群（在机构情境中）更易表现出敌意和暴力攻击性（Price & Whatmore，1967）。然而，XYY在犯罪人群（以及普通人群）中的出现率是很低的。丹麦一项重要研究（n=4591）仅在大众中发现了12例XYY。尽管XYY人群确实更容易卷入犯罪（XYY中犯罪率占41.7%而XY中犯罪率仅为9.3%），但其中并不全是暴力犯罪（Harrower，1998）。研究者指出，也许是病人的低智商和过高的身高，再加上人们对这些特征的社会反应，共同造成了他们的犯罪，并使他们大量出现在监狱中。例如，其犯罪行为很有可能是因为社会对他们的反应以及他们对这种反应的回应（See, e.g., Becker, 1963）。

最近，有些研究显示，几个单胺类神经递质基因与反社会行为相关，基因在犯罪行为中扮演了某种角色。其中一个基因——单胺氧化酶A（MAOA）（一种分解单胺的酶，例如五羟色胺和多巴胺）——已被发现与攻击性行为和冲动行为有关（Schug et al.，2010）。卡斯皮（Caspi）等人2002年的一项研究发现，与单胺氧化酶A水平低的受虐儿童相比，带有较高水平单胺氧化酶A获得基因的受虐儿童，在青春期变得反社会或具有暴力倾向的可能性要小（Schug et al.，2010）。然而，我们必须批判性地看待这些发现。犯罪行为取决于多种因素的相互作用，并非仅仅取决于基因。事实上，尼尔森（Nilsson）等人2006年发现，单胺氧化酶A并不能单独用来预测犯罪的发生，他们认为生物心理社会模型可以很好地帮助我们理解犯罪行为，例如当生物因素结合了非支持性的心理社会条件时。

如果基因与犯罪有关（证据并非一致性的），那么基因遗传是否会导致犯罪？换言之，犯罪会不会在家族中传承？如果是这样的话，这是为什么呢？一项研究显示，在有犯罪基因的家庭中的个体或者是与反社会分子有联系的个体，普遍会发现自己处于犯罪的风险因素中。换句话说，他们大多居住在贫民区，接受低质量教育且受到剥夺带来的痛苦。例如，罗特（Rutter，1971）发现，犯罪的风险因素包括了家庭犯罪、无效且混乱的行为准测以及反社会性的发展（同伴群体的参与）。然而，我们依然很难断定这到底是遗传的作用还是环境使然。生物学研究并不能控制社会的大环境。在统计数据分析中我们时刻都要记住，相关并不等同于因果，所以，不能仅仅因为某些因素与犯罪相关就说它们是犯罪的成因（或者在犯罪中起主要作用）。聚焦于基因和家族的研究表明，遗传因素可能会增加或影响犯罪行为，但证据并不确凿。

近来，很多早期的生物学研究受到怀疑和批判，于是出现了一种解释犯罪和犯罪行为的新途径，即将重点放在社会因素上，例如社会经济因素、贫穷、相对剥夺、同伴群体和教育。不过，近期又再次出现了对某些犯罪群体的生物学解释。雷恩（Raine，2004）提到，众多关于犯罪的生物学因素的证据不容忽视。雷恩等人（Raine et al.，1997）在一项研究中发现，与控制组相比，杀人犯的脑功能与活动有所不同。研究人员在杀人犯的前额叶皮层中发现了葡萄糖代谢的减少和杏仁核的异常。这些大脑区域的缺陷往往伴随着冲动、自我控制的丧失和不成熟。此外，杏仁核的异常与攻击性行为相关。大脑的这些异常也许可以解释为什么有些人会走上犯罪的道路而另一些人不会。当然，我们必须谨慎对待这些研究发现，因为雷恩等人所用的样本数量相对较小，且其研究的所有的杀人犯都因精神错乱而被判无罪（NGRI）。然而，杀人犯的动机和杀人原因多种多样，并不全是由于精神错乱（远远不止于此）。在进一步的研究中，雷恩（Raine，1996）发现暴力犯罪和性犯罪可以追溯到大脑结构和功能的缺陷，前额叶皮层中大脑灰质的减少与反社会性人格障碍相关。但是在公众中究竟有多少人出现异常但没有犯罪，我们不得而知。

还有证据显示，生物学因素与犯罪和精神病有联系。虽然存在争议，但精神病通常还是被定义为一种由于情感和人际交往功能缺陷所导致的人格障碍（Huss，2009）。克莱克利（Cleckley，1941）如此描述精神病：这是一种使个体无法感知移情、焦虑、悔恨和罪恶的障碍。他们（精神病人）通过操纵、利用其他人和采取危险行为来满足自己的需求，且不考虑后果。精神病是一种根据修订精神病列表（PCL－R）来评定的临床概念，它分为两个因素：一是人际交往和情感范畴（包括迷人外表、操纵行为和移情能力的缺乏）；二是反社会的生活方式/态度范畴（包括冲动、不负责任、早期行为问题和寄生生活方式）。希尔肯等人（Salekin et al.，1996）发现了精神病和一般刑事惯犯之间的重要关系，以及精神病与暴力惯犯之间的更重要的关系。亨普希尔等人（Hemphill et al.，1998）发现，对于一般惯犯，用第二种范畴的因素预测会比较准确；而对于暴力惯犯，第一种和第二种的预测效果是一样的。此外，研究还发现精神病可用于预测性犯罪。在修订精神病列表（PCL－R）中得分较高的罪犯犯有更加严重的暴力和性犯罪罪行（Huss，2009）。

对于比较脆弱的儿童来说，也许遗传、环境和社会的综合因素，使得他们有着较高的犯罪可能性。舒格等人（Schug et al.，2010）提出，遗传—环境的相互作用在反社会行为和犯罪的形成与发展中起着重要作用。这一点在帕玛和雷恩（Popma & Raine，2006）对社会推动理论（Social－Push Thoery）的解释中也提到过。该理论提到，在缺乏社会因素来解释是什么推动反社会的孩子做出反社会行为时，生物学因素也许更能够解释其行为。然而，我们必须再一次谨慎看待生物学对于犯罪和犯罪行为的解释。罗斯（Rose，2004）认为，在虐待环境中成长的儿童，当其某种基因突变时，他们长大后更有可能出现暴力或者虐待倾向。然而，当环境正常时，基因突变是很罕见的。因此，他还提出，如果我们想对这种恶性循环做点什么，最好的办法是让孩子们（无论他们是否具有这些基因）远离受虐环境。

实践任务

你认为罪犯是与生俱来的（天生的），还是后天导致的（后天的）？

拿出一张纸将其分成两半，在一半纸上写下罪犯是与生俱来的（天生的）论据；然后在另一半上写下罪犯是后天导致的（后天的）论据。完成后请访问以下网址：http://www.bbc.co.uk/2/hi/programmes/if/4102371.stm*。阅读 Adrian Raine 教授和 Steven Rose 教授关于生物学和犯罪的辩论。

你认同哪位教授？思考你为什么会这样想。学习完后面的犯罪心理学理论之后，我们再来回顾。

依 恋

在心理学上，依恋理论可被视为一种综合取向，它受不同的心理学视角所影响，如生物、社会和进化。依恋理论在一定程度上是从心理分析中派生出来的。实际上，约翰·鲍尔贝（John

Bowlby，1969）的理论最初关注的是儿童母亲缺失后人格发展的问题。对于鲍尔贝来说，建立依恋系统是为了通过一定的行为获得和维持与某个亲近个体的亲密感，即与依恋对象之间所建立的亲密感。鲍尔贝（1946）在其研究中对比了44个犯有盗窃罪并被转去接受精神治疗的少年的档案。在这组少年中，他发现了某些特定心理特征的过度表现，包括"无情性格"（个体表现出无羞耻感、无责任感或缺乏任何其他的正常情感）（Gadd & Jefferson，2007）。"无情性格"组很容易出现多次犯罪、鲜有真正的朋友，他们很难培养出有意义的关系，常常会感到孤独和被孤立（Gadd & Jefferson，2007）。鲍尔贝（1946）发现，这个组的成员长时间和他们的双亲分开（但重点是母亲），或者有个情绪冷漠的母亲，也就是说，他们一直得不到母亲的爱。在鲍尔贝（1946）看来，由于无法得到客体之爱（他人的爱），这些人无法形成超我（超我这一概念反映了从父母和其他社会成员身上学到的标准、道德和习俗的内化）。

早期的依恋关系，无论是积极的还是消极的，都为儿童提供了一个参照，引导他们学会在未来如何构架各种人际关系以及他们在将来各种关系中应扮演的角色。作为关注关系的内部模型，依恋系统的建立基于以下要素：对依恋相关经验的记忆、信念、对一段关系的期望和态度、为了达到依恋目的而采取的策略和计划（Rich，2003）。个体的依恋分为不同类型，这些类型影响了他们与他人之间的关系。玛丽·安斯沃斯（Mary Ainsworth）率先建立了依恋类型模型。她的模型是基于"陌生情境测验"，这个测验包含5个步骤,可以用来观察12个月大的婴儿。

- 家长与孩子在房间里单独相处;
- 儿童在家长的陪伴下探索周围环境;
- 陌生人进入房间,与家长交谈并与儿童互动;
- 家长安静地离开房间;
- 家长回到房间并安抚儿童(20分钟后)。

通过观察,安斯沃斯等人(Ainsworth et al.,1978)总结出了三种依恋类型:安全型依恋、焦虑—矛盾型不安全依恋和焦虑—逃避型不安全依恋。

- 安全型依恋——母亲离开时孩子没有表现出强烈的忧虑。母亲在场的情况下,孩子能够很自由地探索周围环境并与陌生人互动。虽然母亲离开房间时孩子有着明显的失望,但是当其回来时孩子却能够很好地得到安慰(Rich,2003)。
- 焦虑—矛盾型不安全依恋——母亲在场的情况下孩子对探索他人表现出焦虑。当被母亲留在陌生人身边时,孩子表现出强烈的忧虑,且当母亲回到身边时,孩子表现出敌意。
- 焦虑—逃避型不安全依恋——孩子试图逃避父母或监护人。虽然他们不会拒绝母亲给予的关注,但是他们也不会寻求或要求关注。在成年生活中,这种依恋类型很有可能会引起严重的并发症,如个体很难形成亲密关系并被认为是冷漠无情的。

不同的依恋类型与不同的犯罪行为相关。例如,沃德等人(Ward et al.,1996)发现,性犯罪者在他们的恋爱关系中常表现出不安全依恋。强奸犯由于其在依恋关系中容易被忽视，所以他们在对待女人的时候更倾向于持有敌意，并在实施犯罪时更具有攻击性。儿童性犯罪者则在依恋类型中更倾向于害怕和无安全感，这从他们高度的社会焦虑和贫乏的社交技能中便可看出。他们同样也会认为成年人和女人是"危险的"。罗特（1971）还发现，由于不能与最初的照料者形成依恋关系，在将来生活中有些人就更容易违法，其中缺乏依恋关系成为一个重要因素。不仅如此，他还发现，与母亲分开会导致违法者们拥有"无情性格"。有趣的是，劳勃和辛普森（Laub & Sampson，2006）发现，依恋可能在坚持犯罪和停止犯罪中都扮演了重要角色。他们发现惯犯似乎在人生的每个阶段都缺乏联结关系，尤其是那些能够提供非正式的社会控制和社会支持的关系（Laub & Sampson，2006，p194）。

社会学习和差别接触

阿尔波特·班杜拉（Albert Bandura）的社会学习理论出现于1970年代，是行为主义和认知心理学相结合的产物。社会学习理论的核心是，我们通过观察他人来学习，尤其是观察社会地位较高的人。在社会学习中，有一个积极的"认知"学习过程。比方说，通过观察其他人，你很有可能习得可以引起愉快反应的行为（Newburn，2007）。社会学习所涉及的一个认知方面是个人反思自己的经验，例如成功或失败，再将这一内在过程当作强化或惩罚（Bandura，1977）。斯金纳的操作条件作用理论影响了社会学习，其观点是，行为可通过正强化和负强化塑造。同样，也可由惩罚来塑造。操作条件作用说认为，期望的行为会随着正强化而增长，随着惩罚而减少。

社会学习理论也考虑到动机的影响（Newburn，2007）。

- 外部强化（源于环境）；
- 替代性强化（源于对他人的观察）；
- 自我强化（源于自身行为产生的快乐和自豪）。

犯罪行为的发生是个体与其所处的社会环境相互作用的结果，在这种社会环境中，后果与违规行为的强化或惩罚紧密相联。如果某人所处环境对于违规或者犯罪行为有所强化或对此类行为作出高度评价，该个体将极有可能参与犯罪和反社会行为（Akers，1985）。埃德温·萨瑟兰（Edwin Sutherland）在差别接触理论中对此进行过举证。他指出，某人的行为会受到他所属群体的规范的影响。通过对群体其他成员的学习和模仿，个体的行为得以形成。个体如果卷入犯罪，将会学习到与犯罪相关的态度和价值观（Hollin，1992）。因此，差别接触是指从他人处学习而来的犯罪行为，犯罪反映了某人所处社会环境"明确赞成犯罪"。

人　格

汉斯·艾森克（Hans Eysenck）的人格理论试图将生物因素、

心理因素和个体因素结合在一起。虽然该理论经常被看成一种可解释犯罪的、很普通的心理学理论，但事实上它更加具体，它试图解释为什么有些人会从不守规则，变成反社会的人并进而走向犯罪（Harrower，1998）。艾森克（1998）相信，人格和犯罪都是生物因素和基因的产物，并以我们之前看过的研究来进行佐证。艾森克的理论是基于经典条件反射得出的——儿童通过联想来学习，从而形成了对反社会行为的恐惧（因为害怕父母或者老师的惩罚）。但是，并非所有人都会对环境产生同样的条件反射，艾森克认为，"条件化能力（conditionability）"在一定程度上依赖于基因遗传。

艾森克和艾森克（1991）提出了一个三因素人格模型。这个模型包含的特质有外倾—内倾、神经质—稳定性、精神质。外倾者（E）的行为更加冲动且倾向于寻求刺激，他们倾向于一时冲动而渴求刺激（当行为发生时）（Eysenck & Eysenck，1991，p4）。内倾者（I）倾向于有所保留、安静和谨慎（Bartol & Bartol，2004），且成为罪犯的可能性较小。神经质者（N）常常会承受高度焦虑和紧张带来的痛苦，且有着强烈的情绪反应。该维度上靠近稳定性一端的人会对环境有良好的反应且不会有过分的情绪反应。艾森克和艾森克（1991）三因素模型中最后一个维度是精神质（P），它与其他两个维度不同。"高度精神质"的人倾向于情绪冷漠，不讲人情，不易接受他人观点，更易参与反社会行为（Williams et al.，2010）。图2.2显示了艾森克和艾森克

（1991）的人格结构图，它显示了一个人的人格维度。一个人处于神经质—情绪稳定维度和内倾—外倾维度中间的何种位置决定了其人格。所以，如果一个人情绪稳定且外向，他就可能善于社交，易于相处。

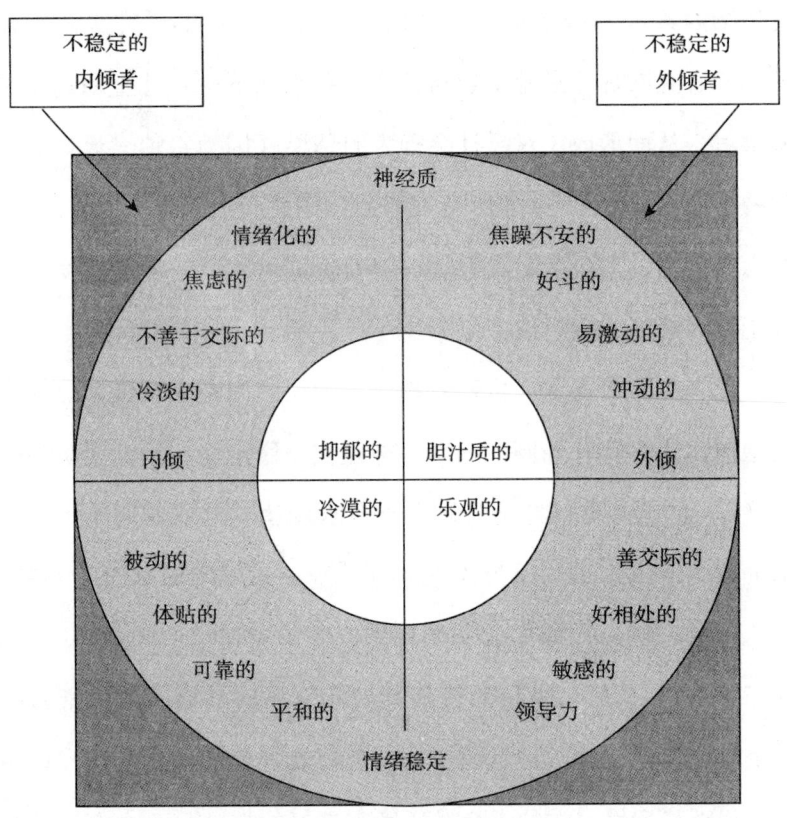

图 2.2　艾森克和艾森克的人格结构图

来源：引自 Eysenck & Eysenck (1991)，Williams et al. (2010)。

那么到底人格和犯罪之间有着什么样的关系呢？艾森克提出，从中枢神经系统（CNS）的角度来看，内倾者的皮层过度唤

2 关于犯罪和犯罪行为的心理学理论

醒,所以他们表现出的行为都是为了降低唤醒程度;而外倾者会由于皮层唤醒不足而寻找感觉。可以预知,稳定的内倾者(低外倾,低神经质)的条件反应最适宜,稳定的外倾者(低神经质,高外倾)和神经质内倾者(高神经质,低外倾)处于中等水平,而神经质外倾者(高神经质,高外倾)的条件反应最差(Hollin,1992)。如果犯罪和人格有关联,如果条件反射和社会化程度与反社会行为的控制相关,我们就能预测高神经质—高外倾人格的人会卷入犯罪(Hollin,1992)。因为高精神质(P)包含了情绪化冷漠、缺乏同情心、反社会、意志坚定和自我中心等因素,所以它对犯罪有着强大的预测功能(Eysenck,1998)。需要特别注意的是,人格特征并不是唯一能够影响行为的因素。大量研究表明,人格特征对于预测我们在特定环境下的行为并不像我们想象的那么准确。

是否存在警察人格

警务人员是否具有某种特定的人格呢?成为一名警察会不会改变一个人的人格?这是我们研究警务与人格时所考察的一些问题。有些特性有时应归于警察人格,例如大男子主义、愤世嫉俗、独裁、攻击性和勇气(Twersky – Glasner,2005)。然而,这些人格特质真的是警察招募所期望的吗?新招募的警察有他们自己的人格,而招募程序和工作要求会将最适合警务工作的人格挑选出来。这点十分重要,因为警务工作是压力很大且十分劳神的工作。在美国，警察当局有一整套的心理测试，包括人格测试，用来"剔除"不合格的申请者。成功入选的警员不会出现以下特征：冲动、敌意、过度的攻击性、反社会倾向、吸毒或酗酒的潜在可能性、内向和偏执（Twersky-Glasner，2005）。有数据显示，心理测验可以剔除15%应征警察的人（Bartol，1996）。研究还表明，未成功入选警察的人和现役警察有着巨大差别，表现在如下方面：现役警察更加果断、自信，更适应其职能要求且能更好地控制冲动（Twersky-Glasner，2005）。这一发现支持了温特（Winter）所引用的其他研究，该研究发现，警察并不是一个心理失调的群体，而且可能是人群中比较优秀的群体。但是其他研究并不支持后面这种观点，在服役多年之后，警察会变得更容易感受到压力，出现职业枯竭和暴力（Blau，1994；Gershon et al.，2009）。

如果招募程序能够剔除不适合做警察的人，那么我们就有理由认为许多警察都具有相似的人格结构。那么，是否警务工作的本质能够塑造或将人格变为模式化的"警察人格"呢？根据克劳斯（Kroes，1985）所说，由于多年服役，警察或多或少会经历某种负面人格。布劳（Blau，1994）发现，就算只服役两年，警察也会经历个人人格和态度的改变。他们表现得更焦躁、感受到更多压力、更容易酗酒和做出更多的消极判断。所有这些特征都会导致应征人员在招募程序中被剔除。在一项对英国警察人格类型的研究中，研究者通过对比老警察和新警察发现，新警察更加外倾，有冒险精神且冲动；而老警察却能更好地自控且少有移情反应（Gudjonsson & Adlam，1985）。

鉴于多年的工作经历可能会改变警察的人格，所以有人就对警察招募中的人格测验提出质疑，因为这些测验不能预测长年服役对人格造成的影响（Ainsworth，2002）。警察职业生涯中所发生的事情的确会对警察的人格发展产生持续影响，所以说，职业相关经验促成了"警察人格"的形成（Twersky‐Glasner，2005）。虽然有证据显示，"警察人格"具有潜在的消极性，但是埃文斯（Evans，1992）等人发现，有经验的警察确实会比新警察体验到更少的焦虑。所以，到底是多年的工作经历影响了警察的人格，还是特定的人格类型更适合警察工作，至今尚无定论。不过，根据警务工作的要求，某些特定的人格类型可能比其他的人格更适合警务工作。

思 考

- 罪犯和警察是否具有不同的人格？你认为罪犯和警察都有哪些人格特点？这些特点有没有相似之处？
- 你认为人格理论是否可以解释行为？当回答这个问题时，思考多年后你的人格是改变了还是保持不变。你还是你吗？你对事物的反应还是一样的吗？

认知—行为理论

目前,在解释犯罪行为时主要且最有影响力的心理理论是社会—认知范式,也可笼统地称为认知—行为取向,它对警务工作而言十分重要。在社会—认知范式中,一个用于解释违法行为的重要概念是"图式"。图式指的是一种认知结构,它可以帮我们理解我们的经历并对将来事件作出预测(因为图式是从早期学习经历中获得的)。图式在更高级的认知层面起作用,它们是组织个人经历的认知结构(DeRubeis et al.,2001)。简而言之,源于生活经验且影响未来行为的个体信仰、态度和价值观造成了犯罪。图式指导着我们的思考过程、思维和决策,同时它也使人们形成个体偏见和扭曲事实(DeRubeis et al.,2001)。一个图式一经确定,就可以用"如果—那么"的命题来表示,例如,如果我不在每件事情上都成功,那么我就是一个失败者(DeRubeis et al.,2001)。

图式是从早期经历发展而来,它能让我们对这个世界作出预测,例如,"总体来说,人们都充满敌意、威胁性、善良等"。它左右了我们对社会信息的诠释,决定了我们在社会环境下的目标和动机,也影响了我们的道德判断、观点采择和道德伦理的发展(Palmer,2007)。早期社会化和学习经验对健康图式和适应不良图式的发展十分重要,而父母和社会机构则在其中扮演了至关重要的角色。很多早期社会化因素与将来生活中的犯罪牵扯在一起，很多与父母有关的因素与攻击性和犯罪行为相关。例如，刻薄的父母管教有可能使儿童形成敌意图式。母亲的刻薄管教和忽视与年幼儿童的高攻击性有关（Palmer，2007）。由此帕默（Palmer，2007）表示，经历过父母刻薄管教和忽视的孩子极有可能形成赞同犯罪的认知图式和敌意图式，这将影响他们对社会线索和情境的诠释。带有敌意图式的人会将大多中性社会线索或经历理解为具有威胁性或敌意，并极有可能在这些情境中作出攻击性反应。

还有一个专门针对犯罪行为和改造的理论，这是一个更加重要的社会认知理论，即"认知扭曲"。默菲（Murphy，1990）提出，认知扭曲是指罪犯在作出自我陈述时对自己的行为进行否定、淡化、辩解及合理化（Murphy，1990，p332）。罪犯的合理化和辩解代表了他们对某些人群的看法或态度，在犯罪中扮演着动因的角色（虽然该观点有待进一步讨论）。主张图式模型的社会认知学者认为，认知扭曲源自一种认知图式，该图式与犯罪者的世界观、他们对自己和受害者的态度和想法有关（Yates，2009）。例如，猥亵儿童的罪犯很可能有一种图式，认为"儿童在做出性挑逗且表示赞成"，他们就会将儿童的友好行为（比方说微笑、坐在某人膝盖上等）当成一种性兴趣的信号，并将与儿童发生性行为诠释成一种互惠（Ward & Keenan，1999；Yates，2009）。在对犯罪行为进行改造时，很大一部分工作是改变这些混乱或适应不良的思维模式。

思维模式可以反映出罪犯的想法或态度，而这些想法或态度会驱使个体犯罪，所以它被认为是十分重要的。以下的案例分析摘自一个研究访谈，该访谈试图分析参与者对犯罪事实的辩解：从一开始否认犯罪到最后推翻自己的否认（Blagden et al.，2011）。案例中的罪犯是一个名叫哈维的30岁男性（真实姓名隐去），他对妻子的妹妹实施了恶性强奸，被判6年监禁。

> **案例分析**
>
> 我们关系很亲密（他和受害者），类似朋友那种关系，但是她是一个非常吸引人的女孩儿……我想我有了一些想法，一些对她的非分之想。我看着色情片的时候一直想着这些。嗯，然后就有了越来越多的关于性的邪恶想法，对她有越来越多的想法……这些想法日益强烈，促使我最后从想象越界到了实际行动。我的工作压力很大，犯罪前一周我才被解雇……所以，我也不是很清楚，究竟是什么原因，把我从幻想推入了现实。
>
> （我说）我和她睡了但是我没有强奸她，这是两厢情愿的。过去她曾和我调过情，所以我知道她也想玩玩并来找过我……我否认的原因是因为我简直不敢相信我这么做了，这完全不像我的所作所为，绝不。其次，我认为没人会相信我这么干。

虽然他认罪了，但他的犯罪报告中包含了认知扭曲。我们可以注意到，他将犯罪归因于外部原因，声称失业导致了犯罪行

2 关于犯罪和犯罪行为的心理学理论

为。他还试图通过将其犯罪行为归于当时对性的"邪恶"想法，来给自己找借口或使其合理化。通过这样解释自己的行为，他将自己与其所作所为分开且不把该行为视为自己的一部分。当回顾他为何否认并将事情最小化时，他的说法是不相信自己做了这种事，认为这完全不像自己。

心理学研究的一个重要内容是犯罪行为的决策过程。约奇逊和萨米诺（Yochelson & Samenow，1976）声称他们能确定几乎在所有犯罪中均存在的"思维错误"（见表2.1）。他们发现了犯罪中常见的一些有缺陷的思维方式。大多数人都会做出合理的决策，而"犯罪人格"却会导致一系列错误的思维模式。

表2.1 约奇逊和萨米诺所发现的犯罪人格中的思维错误

	人格特点	不自主的思维错误	与犯罪行为相关的错误
错误类型	普遍的恐惧 无价值感 需要力量和控制力 完美主义	撒谎和否认 差劲的决策能力 缺乏信任 隐匿 不理解他人的立场 不承担义务 反社会行为幻想	内部或外部威慑力量的侵蚀 过度乐观

来源：Newburn（2007，p158）。

> **思　考**
>
> 花一分钟时间思考一下在"犯罪人格"中发现的"思维错误",它们的不同寻常之处是什么?它们与大众中的"正常"人有什么关系?

也许最令人吃惊的是,"犯罪人格"中很多特点都能在没有犯罪基因的人,或者没有犯罪的人身上找到。我们都会不时地做出一些差劲的决策、不理解他人的立场、撒谎或否认(一些每天都会做的事)。在将某些人格病理化之前,我们必须进行批判性思考。对"心理学实证研究"(声称可以通过科学调查发现犯罪原因的研究)的一个批评是,它是从结果开始的。它从很小一部分被定罪的人群中得出结论,且将其推广至更大的范围。它没有考虑那些具有这些特点却没有犯罪的人。罪犯具有这些极端性特点,再加上有问题的背景,就导致了更差的自控能力。自控能力指的是,能够避免做出那些长期成本超出暂时优势的行为(Hirschi & Gottfredson, 1994, p3)。赫胥(Hirschi, 2004)提出,有违法行为的人或罪犯会逞一时之快。自控力低的人有"此时此地"倾向,他们不会考虑将来;而自控力高的人则会延迟对欲望的满足。简而言之,自控力低的人倾向于违法犯罪或违规,因为他们冲动、寻求冒险、麻木且目光短浅。

2 关于犯罪和犯罪行为的心理学理论

案例分析

乔希才14岁，却因其在社区中的反社会行为和在商店里的偷窃行为被警方所熟知。他的反社会行为导致他签署了一份"可接受的行为契约"，确保他不再在社区中进行反社会行为。若违反该契约他将受到反社会行为令（ABSO）的惩罚。乔希经常逃学，即使在学校他也是搞破坏。他卷入多场斗殴，且被警告如果继续这样，他将被学校永久除名。社会服务机构开始关注乔希和他的家庭生活。乔希的父亲曾因对妻子的家庭暴力多次被捕，但是他妻子却并不起诉。乔希极有可能亲眼目睹了家庭暴力。社会服务机构同时也相信，乔希本人也是家庭暴力的受害者。乔希的父亲有暴力和毒品犯罪记录。学校曾试图让其父母参与到乔希的教育中，但却被拒绝。他们似乎对乔希的教育和行为漠不关心。拜访过他母亲的社会服务机构如此描述她：与孩子有距离，"感情冷漠"。

以上案例分析在某种程度上可以反映出，作为警察的你，可能会遇到许多这样的个体。你如何用本章中的理论来分析这个案例？

思 考

现在，我们回顾了一系列心理学理论，一些是生物学取向的，一些则整合了基于社会认知的其他观点。再次思考一下，犯罪更多地是先天的还是后天的？你倾向于哪种观点？写一小段话，解释你为什么持此观点。

本章小结

本章介绍了一些主要的心理学理论，它们可以用于理解犯罪和犯罪行为。这些理论提供了对犯罪行为的复杂而多样化的解释。由于警务工作需要在罪犯身上花费大量时间，所以，所有这些理论都会对警务工作产生影响。通过了解这些理论，我们能够更好地理解犯罪的复杂性，防止对特定的犯罪和犯罪形式做出固定假设。这些理论也可以帮助大家对犯罪和犯罪的个体原因有一个更加全面的认识。

虽然这些理论未能全面解释为什么某些人会犯某些特定类型的罪，但是它们可以让学生或警务人员了解一些主要的犯罪因素。本章涵盖的理论从生物学角度，从遗传学、依恋以及社会认知的角度对犯罪行为进行了解释。虽然这些解释并非结论性的，但是很显然，一系列生物因素、社会和认知结构牵涉其中且在犯罪行为中扮演了相应的角色。尽管没有详细研究，但是，我们不能忽视社会环境。法林顿和霍金斯（Farrington & Hawkins，1991）对工薪家庭的男孩开展了一项纵向研究，试图发现哪些男孩会走上犯罪道路。他们发现：低收入、大家庭、父母有犯罪前科、父母教养方式不良是孩子将来犯罪的重要影响因素。毋庸置疑，很多罪犯也会发现他们遭到一系列的社会排斥、属于弱势群体并经历了负性生活事件。

FURTHER READING

Eysenck, HJ (1998) Personality and Crime, in Millon, T, Simonsen, E, Birket-Smith, M and Davis, RD (eds) *Psychopathy: Antisocial behaviour, criminal, and violent behaviour.* London: Guilford Press.

Gannon, TA, Ward, T, Beech, AR and Fisher, D (eds) (2007) *Aggressive Offenders' Cognition*, Chichester: John Wiley.

Raine, A, Buchsbaum, M and Lacasse, L (1997) Brain Abnormalities in Murderers Indicated by Positron Emission Tomography. *Biological Psychiatry*, 42 (6): 495–508.

Rich, P (2003) *Attachment and Sexual Offending: Understanding and applying attachment theory to the treatment of juvenile sexual offenders.* Chicester: John Wiley.

REFERENCES

Ainsworth, MDS, Blehar, MC, Waters, E and Wall, S (1978) *Patterns of Attachment.* Hillsdale, NJ: Lawrence Erlbaum.

Ainsworth, PB (2002) *Psychology and Policing.* Cullompton: Willan.

Akers, RL (1985) *Deviant Behaviour: A social learning approach.* Belmont, CA: Wadsworth.

Bandura, A (1977) *Social Learning Theory.* Englewood Cliffs, NJ: Prentice Hall.

Bartol, CR (1996) Police Psychology: Then, now and beyond. *Criminal Justice and Behavior*, 23: 70–89.

Bartol, CR and Bartol, AM (2004) *Introduction to Forensic Psychology.* London: Sage.

Becker, H (1963) *Outsiders: Studies in the sociology of deviance.* New York: Free Press.

Blagden, N, Winder, B, Thorne, T and Gregson, M (2011) 'No – one in the World Would Ever Wanna Speak to me Again': An interpretative phenomenological analysis into convicted sexual offenders' accounts and experiences of maintaining and leaving denial. *Psychology, Crime and Law*, 17 (1): 563 – 85.

Blau, TH (1994) *Psychological Services for Law Enforcement*. New York: John Wiley.

Bowlby, J (1946) *Forty – four Juvenile Thieves*. London: Bailliere, Tindall and Cox.

Bowlby, J (1969) *Attachment and Loss*, volume I: *Attachment*. New York: Basic Books.

Caspi, A, McClay, J, Moffitt, TE, Mill, J, Martin, J, Craig, IW, Taylor, A and Poulton, R (2002) Role of Genotype in the Cycle of Violence in Maltreated Children. Science, 297 (5582): 851 – 4.

Cleckley, HM (1941) *The Mask of Sanity*. St Louis, MO: Mosby.

DeRubeisRJ, Tang, TZ and Beck, AT (2001) Cognitive Therapy, in Dobson, KS (ed.) *Handbook of Cognitive Behavioural Therapies*. London: Guilford Press.

Evans, BJ, Coman, GJ and Stanley, RO (1992) The Police Personality: Type A behaviour and trait anxiety. *Journal of Criminal Justice*, 20 (5): 429 – 41.

Eysenck, HJ (1998) Personality and Crime, in Millon, T, Simonsen, E, Birket – Smith, M and Davis, RD (eds) *Psychopathy: Antisocial behaviour, criminal, and violent behaviour*. London: Guilford Press.

Eysenck, HJ and Eysenck, SJ (1991) *Manual of the Eysenck Personality Scales (EPS Adult): Comprising the EPQ – Revised (EPQ – R), EPQ – R short scale, Impulsiveness (IVE) questionnaire*. London: Hodder and Stoughton.

Farrington, DP and Hawkins, JD (1991) Predicting Participation, Early Onset, and Later Persistence in Officially Recorded Offending. *Criminal Behaviour and Mental Health*, 1: 1 – 33.

Gadd, D and Jefferson, T (2007) *Psychosocial Criminology*. London: Sage.

Gershon, R, Barocas, B, Canton, AN, Li, X and Vlahov, D (2009) Mental, Physical, and Behavioral Outcomes Associated with Perceived Work Stress in Police Officers. *Criminal Justice and Behavior*, 36: 275 – 89.

Glueck, S and Glueck, E (1956) *Physique and Delinquency*. New York: Harper.

Gudjonsson, GH and Adlam, K (1985) Occupational Stressors among British Police Officers. *Police Journal*, 58: 73 – 85.

Hemphill, JF, Hare, R and Wong, S (1998) Psychopathy and Recidivism: A review. *Legal and Criminological Psychology*, 3 (1): 139 – 70.

Hirschi, T (2004) Self – control and Crime, in Baumeister, RF and Vohs, KD (eds) *Handbook of Selfregulation*. London: Guilford Press.

Hirschi, T and Gottfredson, M (1994) The Generality of Deviance, in Hirschi, T and Gottfredson, M (eds) *The Generality of Deviance*. New Brunswick, NJ: Transaction.

Harrower, J (1998) *Applying Psychology to Crime*. London: Hodder Education.

Hollin, CR (1992) *Criminal Behaviour: A psychological approach to explanation and prevention*. London: Farmer Press.

Huss, MT (2009) *Forensic Psychology: Research, clinical practice and applications*. Chichester: John Wiley.

Kroes, WH (1985) *Society's Victim: The police officer*. Springfield, IL: Thomas.

Laub, JH and Sampson, RJ (2006) *Shared Beginnings, Divergent Lives: Delinquent boys to age 70*. London: Harvard University Press.

Lilly, RJ, Cullen, FT and Ball, RA (1995) *Criminological Theory: Context and consequences*. London: Sage. Lombroso, C (1876) *Criminal Man*. New York: GP Puttman.

Murphy, WD (1990) Assessment and Modification of Cognitive Distortions in Sex Offenders, in Marshall, WL, Laws, RD and Barbaree, H (eds) *Handbook of Sexual Assault: Issues, theory and treatment of the offender*. New York: Plenum.

Newburn, T (2007) *Criminology*. Cullompton: Willan.

Nilsson, KW, Sjoberg, RL, Damberg, M, Leppert, J, Ohrvik, J, Alm, PO, Lindstrom, Land Oreland, L (2006) Role of Monoamine Oxidase A Genotype and Psychosocial Factors in Male Adolescent Criminal Activity. *Biological Psychiatry*, 59 (2): 121 –7.

Palmer, EJ (2007) Moral Cognition and Aggression, in Gannon, TA, Ward, T, Beech, A and Fisher, D (eds) *Aggressive Offenders' Cognition: Theory, research and practice*. Chichester: John Wiley.

Popma, A and Raine, A (2006) Will Future Forensic Assessment be Neurobiologic? *Child and Adolescent Psychiatric Clinics of North America*, 15 (2): 429 – 44.

Price, WH and Whatmore, PB (1967) Behaviour Disorders and Patterns of Crime among XYY Males Identified at a Maximum Security Hospital. *British Medical Journal*, 1: 533 – 6.

Raine, A (1996) Autonomic Nervous System Activity and Violence, in Stoff, DM and Cairns, RB (eds) *Aggression and Violence: Genetic, neurobiological and biosocial perspectives*. Mahwah, NJ: Erlbaum.

Raine, A (2004) 'Biological Key' to Unlocking Crime. Online at http://news.bbc.co.Uk/1/hi/programmes/if/4102371.stm (accessed 1 February 2011).

Raine, A, Buchsbaum, M and Lacasse, L (1997) Brain Abnormalities in Murderers Indicated by Positron Emission Tomography. *Biological Psychiatry*, 42 (6): 495 – 508.

Rich, P (2003) *Attachment and Sexual Offending: Understanding and applying attachment theory to the treatment of juvenile sexual offenders*. Chicester: John Wiley.

Rose, S (2004) Violence 'Not Detectable' by Brain Imaging. Online at http://news_bbc.co.uk/1/hi/programmes/if/4106217.stm (accessed 1 October 2010).

Rutter, M (1971) Parent – Child Separation: Psychological effects on the children. *Journal of Child Psychology and Psychiatry*, 12 (4): 233 – 60.

Salekin, RT, Rogers, R and Sewell, KW (1996) A Review and Meta – analysis of the Psychopathy Checklist and Psychopathy Checklist – Revised: Predictive validity of dangerousness. *Clinical Psychology: Science and Practice*, 3 (3): 203 – 15.

Schug, RA, Gao, Y, Glenn, AL, Peskin, M, Yang, Y and Raine, A (2010) The Developmental Evidence Base: Neurobiological research and forensic applications, in Towl, GJ and Crighton, DA (eds) *Forensic Psychology*. Chichester: Wiley – Blackwell.

Sheldon, WH (1942) *The Varieties of Temperament*. New York: Harper.

Twersky – Glasner, A (2005) Police Personality: What is it like and why are they like that? *Journal of Police and Criminal Psychology*, 20 (1): 56 – 67.

Ward, T and Keenan, T (1999) Child Molesters' Implicit Theories. *Journal of Interpersonal Violence*, 14 (8): 821 – 38.

Ward, T, Hudson, S and Marshall, WL (1996) Attachment Style in Sex Offenders: A preliminary study. *Journal of Sex Research*, 33 (1): 17 – 26.

Williams, G, Murphy, J and Houston, J (2010) Personality, in Banyard, R, Davies, MNO, Norman, C and Winder, B (2010) *Essential Psychology: A concise introduction*. London: Sage.

Winter, D (2003) Slot Rattling, in Horley, J (ed_) *Personal Construct Perspectives on Forensic Psychology*. Hove: Brunner – Routledge.

Yates, P (2009) Is Denial Related to Sex Offence Risk and Recidivism? A review and treatment implications. *Psychology, Crime and Law*, 15 (2/3): 183 – 99.

Yochelson, S and Samenow, SE (1976) *The Criminal Personality, volume I: A profile for change*. New York: Jason Aronson.

USEFUL WEBSITES

http://dfp.bps.org.uk – Division of Forensic Psychology, British Psychological Society http://eapl.eu – European Association of Psychology and Law

http://homeoffice.gov.uk/science – research/research – statistics – Home Office research and statistics on crime and related topics

www.crim.cam.ac.uk – Institute of Criminology, University of Cambridge

www.justice.gov.uk/about/noms – National Offender Management Service

www2.lse.ac.uk/socialPolicy/researchcentresandgroups/mannheim/Home.aspx – Mannheim Centre for Criminology, London School of Economics

3 警务、归因、刻板印象和偏见

➡ 本章目标 ⬅

在完成本章的学习后,你应能做到以下几点:

- 理解人们是如何形成归因、刻板印象和偏见的;
- 认识刻板印象、偏见和歧视之间的关系;
- 理解并评估这些对于警察和警务工作的含义;
- 通过分析案例来运用你在本章中所学内容。

➡ 与标准的关联 ⬅

本章内容可能与国家职业标准(NOS,2008)中关于警务与执法部分所需司法技能的规定有所关联。

  AE1 保持与提升你的知识和能力。

  CA1 公平、正义地执法。

  SFJAA1 促进平等,尊重多样化。

3 警务、归因、刻板印象和偏见

POL1A1　公平、正义地办理警务。

BE2　　向受害者、幸存者和目击者提供潜在帮助,对他们的需求进行评估以便进一步提供帮助。

随着资格与学分框架(QCF)的推行,"国家职业标准"这一说法也许会发生一些改变。在本书撰写时,新提法还没有确定,有些组织会用到"资格与学分评估单元"这一提法。

每一章的开头都会提到该章内容与国家职业标准的关联性。但是,要注意的是,这些只是在本书撰写时的情况,具体情况请参阅司法技能的网站:www.skillforjustice-nosfinder.com*。

引 言

近年来，因为一些备受关注的案件中的决策过程，警方受到了严格的审查（e.g. see Macpherson，1999）。这对警方、也对公众关于警方的看法都产生了重要影响。例如，在关于布利克斯顿骚乱的斯卡曼（1982）报告中发现，警方对黑人进行了大量的拦截和搜身。随之在十多年之后，麦克弗森（1999）报告提到，专业能力欠缺和制度性种族歧视影响了对斯蒂芬·劳伦斯死因的调查。此案中警察所犯的错误，在某种程度上应归因于种族刻板印象、偏见和糟糕的决策。在本章中，我们将探索人们如何解释他人和自身的行为，以及关于人们如何对他人形成刻板印象和偏见的心理学理论。了解这些过程对警察而言是非常重要的，因为他们的工作与他人有关，会对他人造成后果，而且经常受到审查。虽然过去的案件已经突出了警察判断方面的一些错误，但是犯这些错误是人之常情。不过，随着对这些问题的认识，警察可以更好地了解自己的决策。

社会分类和刻板印象

为了理解事物，人类经常以相似（例如轿车与面包车是一类）或不同（例如轿车与人行道不是一类）来对事物进行分类（Gregson et al.，2010）。这个过程可以发生在个体层面，也可以发生在群体层面。比如说我们可以将一个群体（警察）的成员和另一个群体（受害者）的成员区分开来。在日常生活中我们经常将人们和我们自己通过分类来进行区分（Brewer & Crano，1994）。当我们对某人分类时，我们会倾向于以刻板印象来对待该人或该群体（Ainsworth，2002）。当我们针对某人的行为是因为他与某个特定群体有联系时，"歧视"就发生了。因此，社会分类的关键概念就是"刻板印象"和"偏见"。

刻板印象可以被定义为一种看法，这种看法将特定事物标记成熟悉或陌生，强调不同点，以至于不很熟悉和有些陌生的客体就成了非常异己的存在（Lippman，1922，p59）。塔菲尔（Tajfel）将刻板印象定义为对大量人群的心理特性归因（1981，p132）。简而言之，刻板印象指的就是，在加工他人的信息时，可以节省时间和力气的心理捷径。日常生活中所见的刻板印象可以说是无穷无尽，例如，"会计都是傻子""二手车销售员不可信""运动员的智商都很低"（Brehm et al.，1999）。虽然不能说刻板印象本质上是错的（刻板印象有助于我们了解这个世界——Hamilton & Crump，2004），但是它们会使我们对他人或他物的印象概括化、过于简单化（Gregson et al.，2010）。正因为如此，刻板印象会导致歧视（见图3.1）。

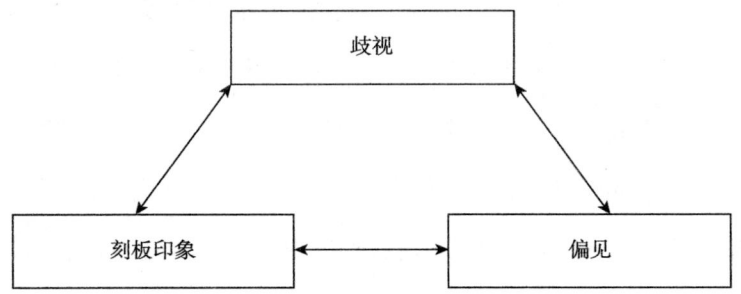

图3.1 刻板印象、偏见和歧视之间的关系

来源：引自Brehm等，1999，p130。

歧视是通过刻板印象和偏见形成的，刻板印象和偏见会相互强化。因此，三个现象之间有着清晰的联系。歧视行为会支撑刻板印象和偏见，刻板印象会使某人产生偏见，而持有偏见的人会用刻板印象将其世界观合理化（Brehm et al.，1999）。在本章中我们将会仔细研究这些过程。

刻板印象的形成是非常危险的，它会导致我们无视某个人群中或人群中间的个体差异。例如，刻板印象会让你认为年轻的加勒比黑人男性更容易与毒品有关，进而你会作出一种假设，即所有的加勒比黑人男性都与毒品有关（Ainsworth，2002）。这种刻板印象造成了20世纪70年代末至80年代初黑人过量被捕的现象。这些刻板印象导致了歧视，如警察对黑人拦截和搜身（Carr–Hill & Drew，1990）。在"沼泽81"行动中过量使用拦截和搜身是造成1981年布利克斯顿骚乱的关键导火线。

3 警务、归因、刻板印象和偏见

> **思 考**
>
> - 在日常生活中我们都会持有刻板印象，想一下在你的日常生活中你会形成哪些刻板印象（例如"女人不会倒车入库""男人不会讨论他们的情感"），并记录下来。
> - 现在思考一下这些刻板印象如何使你的思维在某种特定环境下偏离方向，并考虑在警务工作中，刻板印象思维会有怎样的影响。

社会认同理论

社会认同理论可用于认识刻板印象和歧视。塔菲尔和特钠（Tajfel & Turner, 1979）提到，人们的"自我概念"和"自尊"不仅是由个体的身份与地位衍生出来的，而且还与他们所属群体的地位和成就有关（Tajfel & Turner1979）。社会认同理论的核心就是，个体需要获得一个正面的社会身份，需要正面评价（Taylor & Moghaddam, 1994）。塔菲尔等人（1971）进行了一系列实验，以确定多微小的差别就可以使个体形成内群体偏差（例如，喜欢自己所属群体胜过其他群体）。在他们的经典实验中，参与者被随机分配到两个组（但告知参与者说，分组是根据他们对 Klee 或 Kandinsky 的画的偏爱）。该实验中，参与者的任务是将分数（虚拟货币）分配给这项研究中的其他参与者。但是，他们在分配时知道其他人属于哪一组（例如，两个人分享分数时一个是本组成员而另一个是外组成员）。结果很有趣，参与者将更多的分数分配给本组成员（尽管不认识他们且分组是任意的）。也就是说，他们偏向于本组成员。塔尔菲等人（1971）的实验结果有一个惊人之处在于，出现内群体偏差只需要微小的差别；实际上，仅仅是内群体的出现便引发了歧视。

有种说法，成为一名警察是一种明确的身份定义，所以成为"警察"群体在他的社会认同中变得根深蒂固。埃亨（Ahern）提到，当一个人成为警察的时候，（他将）社会抛在身后，进入了一个不只是给了他一份工作的职业，这就定义了他是谁，他将永远是个警察（引自 Skolnick，2008，p35）。作为一名"警察"，其社会认同将自然使警员们表现出更偏好警察群体，并保护它不受威胁。这一社会认同既有积极的方面，也有消极的方面，这些可以在警察文化的各个方面看到（see, e.g., Reiner, 1997）。其中两个方面是"内部团结"和"社会孤立"。前者来源于面对共同的死亡威胁，相互支援，成为警察"兄弟连"的一分子（Skolnick, 2008）。而后者则是警务工作组织框架的产物，比如说轮班制度以及与社会保持距离的需要（Reiner, 1997）。

有言论说警察是"情感劳工"（see, e.g., Winte, 2003），这在第 7 章中将会充分讨论，警察在工作生涯中不得不持续控制其情感。然而，警察文化的这个方面会引发问题，并导致歧视行为。内部团结会滋生包庇，而社会孤立会加剧与歧视相关的不切

3 警务、归因、刻板印象和偏见

实际或有偏差的刻板印象（Reiner，1997，p1017）。因此，警察的社会认同会保护违法警察的利益（Skolnick，2008）。这也会导致负面评价、批评或被投诉革职。福斯特（Foster，2008）最近的一项研究表明，有些警察仍然坚持认为斯蒂芬·劳伦斯犯谋杀罪，这并不是因为制度性种族歧视，在办案过程中种族歧视只是一种外部或者不相关的因素。

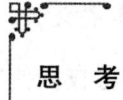

思 考

在 YouTube 上搜索关于 1981 年布利克斯顿骚乱的纪录片，例如，www.youtube.com/watch？v = olN23LFGtw8*。然后思考以下问题：

- 刻板印象和偏见如何在骚乱中发挥作用？
- 警方可以用何种方法阻止骚乱发生？

偏　见

种族歧视

到目前为止，我们已经注意到人是如何形成刻板印象以及歧视是如何发生的。本节中我们将详细讨论各种不同的偏见以及这些偏见对警察这一角色的挑战。种族偏见最早被乔治·奥尔波特

49

（George Allport）定义为：

一种基于错误和僵化概括而形成的反感。它可以被感受到或表达出来，可以针对某个（种族）群体，也可以针对某个个体，因为后者是这个群体的成员。

(1954，p280)

该定义表明了这一概念的二元性，即种族歧视可体现在个体层面，也可体现在群体层面。一定要注意到，种族歧视有多个层面。在个体层面上，每个人相对于他人都可以成为种族主义者，而且有些制度上或文化上的因素可以赋予某些社会成员特权，使之歧视他人。

现代种族歧视的一个重要特点就是它的"否认"，在语言中的典型表现有："我没什么好针对黑人的，只是……"（van Dijk，1992）。在关于劳伦斯案件的审问中，警察陈述中普遍存在"否认种族歧视"，很多警察根本没有意识到调查过程中潜在的、不知不觉的歧视行为（Foster，2008）。在某种程度上，这并不令人惊奇。大量研究显示，就算是带有强烈偏见的人，也会利用社会赞许和社会印象管理策略从正面的角度呈现他们自己和他们的群体，竭尽全力避免和压抑他们的偏见（van Dijk，1992）。例如，当今政治舞台上，含蓄的偏见也可能在诸如英国国家党（BNP）等官方党派的行动中寻求合法化。这并不代表警察是固有的种族主义者，或者说他们有着和英国国家党类似的观点。相反，这里强调的是，在警方处理案件的过程中，警察不希望被视为种族主义者，这使得他们在警务工作中对歧视（虽然或许不是故意的）行为视而不见。

强奸迷思和性别角色刻板印象

玛莎·伯特（Martha Burt）首先创造了"强奸迷思"这个词语。她的解释是，对于强奸、强奸受害者和强奸犯的偏见、刻板印象或错误信念（1980，p217）。强奸迷思用来为强奸作辩解并使其合法化。朗斯威和菲茨杰拉德（Lonsway & Fitzgerald，1994）拓展了伯特（1908）的工作并将强奸迷思定义为：错误但广泛存在的态度和信念，用于否认和合理化男性对女性的性侵害（1994，p134）。接受强奸迷思可被视为一种做法，即强奸犯对行为进行辩解并使之合法化，将责任转移到受害者身上，例如她"活该""想要这样""穿着挑逗"或"撒谎""好女孩不会被强奸"。

接受强奸迷思是一个非常严重的问题，它会对强奸受害者以及受害者的报告带来实质性的后果。对强奸迷思的认同会使人们谴责受害者，且认为女性在强奸中也起了部分作用。吉拉德和森纳（Girard & Senn，2008）进行了一项研究，考察自愿和非自愿使用药物如何影响大学毕业生（n = 280）对性侵害原因的知觉。该研究发现，如果女性在被侵害前服用过药物，她们就被视为在此过程中扮演了一种角色。虽然参与者会指责性侵害中的行凶者服用过酒精或药物，但女性在被侵害前服用药物会增加人们对受害者的谴责（Girard & Senn，2008）。

令人担心的是，强奸迷思在陪审团成员对强奸案作出的决定中也产生了同样的影响。芬奇和蒙诺（Finch & Munro，2005）发现，陪审团成员经常持有一些与法律不一致的观点，对怪罪和责任有不同看法观点。在作出决定的过程中，陪审团成员会考虑很多法外因素，包括强奸迷思，对于中毒、性侵犯和药物迷奸有一种刻板概念。芬奇和蒙诺（Finch & Munro，2005）还发现，陪审团对受害者的谴责达到了一个惊人的水平。受害者一般都会受到谴责，除非有清晰的证据证明行凶者犯罪。在侵犯发生时喝了酒的女性获得的赔偿会降低，因为其饮酒被归因为侵犯行为的一个因素（Williams，2008）。另外，研究者还发现，如果受害者看起来也应该负部分责任或她们"引导"了犯罪，那么警察有时会撤销对强奸犯的指控（Buddie & Miller，2001）。

案例分析

一个性感女孩走进酒吧，身穿袒胸露肩的低胸上装和短裙。有个男人过来想给她买一杯饮料，她同意并接受了饮料。她调情般地微笑并抛了媚眼，随后离开了这个男人。她走进厕所，男人尾随了进去。之后她向酒吧保安说她被强奸了。

（改编自 Pemberton，2011）

3 警务、归因、刻板印象和偏见

> 此案例分析中描述了一种具体的强奸迷思,一个穿着袒胸露肩衣服的女性被强奸了,她受到了谴责,好像她在邀请并引导男人犯罪。这张海报被苏格兰帮助强奸受害者的慈善组织用来回击那些被广泛接受的观点和态度。社会态度起了一个重要作用,降低了们对受强奸女性的公平对待。

思 考

● 思考以上案例分析中的图片,访问 Fawcett 社团的网站以查找一些被广为接受的关于强奸的迷思和事实:www.fawcettsociety.org.uk/index.asp?PageID = 593*.

● 警察"接受强奸迷思"如何影响本案中的受害者?在本案中警察需要注意哪些事项?

归 因

当某人做某事的时候,我们通常将其行为归为某种原因。同样,在我们做事的时候,我们也会对行为进行归因,以解释之。本节将讨论我们在确定事情为什么会发生时所做的决定(Meredith & Witty, 2010)。有种说法,人们理解他人行为时像一个"幼稚的科学家"——我们试图以一种稳定且理智的方式去理解他人的行为(Heider, 1958)。

案例分析

案例 1

夜间，有个上了年纪的妇女在从超市回家的路上遇见了一个男人，男人对着她喊叫。她停下来，这个男人跑向她，攻击了她并抢走了她的钱包。妇女被割伤，脸部擦伤。这件事深深地影响了她。

案例 2

一天晚上，一个长相凶狠且有纹身的光头走在路上，之前他在当地酒吧喝了点酒，这时有一个男人朝他大喊大叫并开始打他。这个光头被割伤，脸部擦伤。这件事深深地影响了他。

思 考

- 思考一下以上两个案例中受害者的特征，并用三个词来形容每个受害者（真实想法……）
- 谁更能引起同情？这对给受害者提供帮助和建议有什么意义？

内部归因和外部归因

归因可分为内部归因和外部归因。

- 内部归因着重于内在状态或性格状态
- 外部归因则试图通过情境或环境来解释个体的行为或事件

例如，你期末考试没有考好，你可以告诉自己或父母"我不

3 警务、归因、刻板印象和偏见

够聪明",这样,你就做出了一个内部归因。或者你可以说,"考试前一晚我喝多了,我没复习而且考试迟到了",这就是外部或情境归因。归因可以是稳定的或不稳定的、可控的或不可控的。稳定的归因可以反映某个个体一贯的行为,而不稳定归因则是反映一次性的"与性格不符"的举动。例如,出于自卫而杀害或伤害了他人的人,会比某个故意谋杀或伤害他人且有着严重人身伤害前科的人判得轻。前者的行为不稳定且好像不会重复;但是后者的犯罪变成了稳定表现。可控性/不可控性与这个人意识到自己在多大程度上能控制自己的行为有关。例如,某个女警察逮捕了大量在路边招妓的男人,并不是因为她希望看到男人因招妓被抓,而是因为她的上级命令她这么做(Ainsworth,2002)。

我们对人们的行为进行归因时会出现偏差、不准确或错误。所以,出于对警方和警务工作的兴趣,了解归因的成因或形成,及其对感知能力的影响,就显得尤为重要。琼斯和尼斯贝特(Jones & Nisbett,1972)发现,人类倾向于用情境因素来解释自己的行为,然而却更倾向于对他人的行为进行个人的或内在的归因。我们是否经常听到政治家在竞选时说要减少人们的反社会行为?这些人通常被称为"坏小子"或"道德败坏"。但是,当党内出现问题或其领导行为受到质疑时,政治家们更倾向于作出情境归因。例如,经济不景气是因为全球经济衰退和上届政府的失误,而不是因为糟糕的国家和地方政策或领导。以一个蒙面人做出反社会行为为例,在解释他的行为时,我们更可能进行内部归因还是情境归因？老实说，很有可能是前者。我们更倾向于认为他们本质上是坏人，而不愿意相信是由于环境或情境因素，例如社会排斥、社会隔离或他很可能生活在社会条件不利的地区。

那么真正的问题就是，基本归因错误是不是在普遍性和警务心理方面均会存在？根据研究，就犯罪和心理健康这两个方面来看，答案是肯定的。实际上，研究表明，当对负面事件作出解释时，将归因从内部稳定特质移至外部不稳定因素可以保持心理健康，并与犯罪的终止产生联系（即惯犯停止犯罪行为）（Maruna，2004）。由此，马丁·塞里格曼（Martin Seligman，1975）的习得性无助理论提出，抑郁的人已经学会了认为自己不能应付和控制事件。在本质上，他们作出了稳定归因——"我什么都做不了，什么都改变不了"——这会发展出消极的反应，例如无助和被动。

莫瑞纳（Maruna，2001，2004）将归因理论应用于停止犯罪的人身上。他发现，停止犯罪的人认为犯罪的那个他与现在的他有着本质上的不同。莫瑞纳（2001）提出，停止犯罪的人会给自己提供"救赎剧本"，即他们将自己视为"做了坏事的好人"。与其当一个一辈子注定犯错的坏人，停止犯罪的人更愿意将自己的犯罪视为外部的和不稳定的行为。另一方面，惯犯则将自己视为"做了坏事的坏人"（他们赞同"谴责剧本"）并将自己的犯罪行为视为自我的一部分（例如他们的过去、现在和将来的一部分），这样犯罪就是内部的和稳定的行为。

但是，当与犯罪人群打交道时，在某程度上，我们可能会影响他们的行为。如果我们像对待麻烦制造者一样对待年轻人，如果我们给他们贴上标签并粗暴地回应他们，他们可能就会认同这种标签并据此行事。这一过程被称为"第二偏离"，发生在个体将这些标签整合进其社会认同的过程中（Lemert，1951）。

与上一点有关系的概念是"贴标签"和"自我实现预言"。自我实现预言表明，对某事物的期盼确实可以导致其自我实现。这个概念表明他人的看法塑造了"我是谁"，大量的研究工作支撑了这一观点，即人们获得的身份源于他人对自己的看法（Burr，2002）。根据贝克（Becker，1963）所说，直到罪犯获得了社会标签，他们才真正成为了罪犯。如果此标签被内化，他们则更有可能根据这种标签来行事或回应他人。因此，标签是人传人的，一旦被贴上标签，标签就成了某个人的社会认同的一部分。就像我们会因为一个罐子里装的东西（或我们希望它装的东西）而给它贴上"咖啡"标签一样，对于那些被我们贴了标签的人，我们会有期待和看法（Burr，2002）。

基本归因错误

基本归因错误指的是，人们高估他人性格/内在状态以及忽视外部情境（环境/景况）的一种倾向（Ross，1977）。当我们观察他人时，我们会有一种强烈的倾向去高估内在性格因素，而忽视其他因素。典型的例子就是我们会依据某人某次偶然的行为而对这个人作出评价。我们将某人的某一行为感知为稳定且持久的行为，即稳定的日常行为（Brewer & Crano，1994）。

想象一下，你在街上走着，正想着自己的事情。这时突然有个人慌慌张张地跑过来撞了你一下，他连一句道歉都没有就跑走了。通常我们会说"这人真粗鲁！"，并将其归为一个粗鲁的人，这就是基本归因错误。我们过分估计了他人行为的内在性格因素——我们相信他的行为是出于他的粗鲁。但是，有可能是环境或情境因素导致了他的行为。这个人如此慌张也许是因为紧急情况或某种危机，以至于他不能正常思考。在大多数情况下，他可能会是一个很好的人。再想想讲师们或老师们：你们中有多少人认为他们保守、独裁、严厉或枯燥？但是，当你们看见他们在与家人或朋友相处，在聚会或其他社交场合的表现时，你们可能感到震惊和惊讶。当我们处理性虐待案件时会有一个更严重的问题。例如，儿童性犯罪者有很好的技巧使家长相信他们是正派的、值得尊重的人。正因为如此，他们能够取得家长们的信任并扫清一切与儿童接触的障碍（Finkelhor，1984）。实际上，人们关于性犯罪者的刻板形象往往是一个脏兮兮、戴着厚重眼睛的老头。这样是很危险的，容易产生误导，使我们忽视一个事实，即性犯罪者来自社会各界人士，来自各个社会领域，这些人经常过着"双重生活"（Salter，2001）。

这些错误所造成的问题就是，它们会导致受害者受到谴责和

3 警务、归因、刻板印象和偏见

怀疑；人们不愿相信医生、邻居或警察会犯罪，出于对他们的尊重而情愿给他们无罪推定。出于错误信念，人们认为一个处于被尊重地位的人也会做出受人尊重的事。就像之前讨论过的有关强奸迷思的问题，这些刻板印象非常危险。古迪（Goodey，2005）发现，强奸案高撤诉率的主要原因之一，可能是人们害怕被问到不舒服的问题。例如，2002年，大约发生了50000起强奸事件，但只有11678强奸犯出庭，655人被定罪，其中258人认罪。这意味着，在那一年所有的强奸案中，只有3.4%得到承认（Kelly et al.，2005）。之所以如此，可能的解释包括带有偏见的强奸迷思、陪审团成员的归因错误、警察糟糕的决策或被广泛接受的社会信念。

基本归因和刑事司法

我们可以将基本归因错误的概念应用到刑事司法系统（CJS）的很多方面。刑法确信，犯罪行为是个体的自由选择，在现实中，人们在不同环境中行为反应的变化比我们通常所认为的要小（Dripps，2003）。例如，我们通常认为在贫困和条件不利的社区，犯罪问题尤为严重（Lea & Young，1984）。在这些社区中，犯罪更多地是因为环境而不是因为天生的犯罪基因，例如不能获得资源和机会，居住的环境默许犯罪，或人们在某些方面被相对剥夺。不过，CJS已经要求司法人员对犯罪所涉及的个人责任进行评估，该过程将影响量刑（也就是说，如果你认罪，可能你会得到一个较短的刑期）。刑事司法专业人员，无论是警察、法官、律师、法庭工作人员或陪审团成员，都倾向于将行为及其后果归因于人格（Dripps，2003）。另一个警务方面的例子是目击超速。你可能会认为超速司机是一个鲁莽的人，一个不尊重法律且无视他人生命的人。你可能会追上去并将其逼停，采取执法手段并严正与其交涉。但是，这个人也许会心急如焚地哭泣着告诉你，他儿子得了重病，他正在赶时间将其送往医院。很明显，在此情形中行为是由外部因素所驱动的。

基本归因错误还可以被应用于在刑事司法环境中对犯罪行为进行治疗。在这种环境中，找借口和向外推卸责任，例如"这不是我的错"，会被视为适应不良，且常被贴上"认知扭曲"的标签。莫瑞纳和曼（Maruna & Mann，2006）并不认为在事件发生后找借口应被视为天生"坏的"或有犯罪基因的。他们指出，临床医生和学者在某些类似于基本归因错误的说法上是错误的。他们认为，刑事司法专业人员太过于强调让犯罪分子"承担责任"了，事实上这有可能会适得其反（Maruna & Mann，2006）。总体来说，当人们在对其行为（尤其是违法行为或是一向被认为"错误"的行为）作出解释时，他们会谴责外部因素或将其行为解释为是由外部情况导致的，这很正常（Dean et al.，2007）。事实上，如前所示，研究表明，当解释一个负面事件时，将归因从内部稳定因素转移至外部不稳定因素可以保持心理上的平衡，并且与停止犯罪有关（Snyder & Higgins，1988；Maruna，2004）。

3 警务、归因、刻板印象和偏见

思 考

思考一下前面案例分析中提到的长相凶狠的光头。

- 对于他,警方会犯怎样的基本归因错误?
- 这会如何影响警方对他的支持和建议,以及他和 CJS 打交道的经历?
- 在上一个思考中,你被要求用三个词来形容受害者,你用了哪三个词?你会区别对待受害者吗?

就这个纹身男性受害者而言,如果我们对他的行为作出性格归因的话,我们在处理他的时候可能就会犯基本归因错误,我们会认定一定是他挑起的事端,他是自作自受、活该。因为他看上去具有攻击性,所以他一定不可能不受到责备。我们更多地是将外部原因归于第二个受害者,一个看上去易受到攻击、脆弱和清白的人,因此她肯定没错。在这里要注意,长久已来的刻板印象如何引导我们的认知和态度。

制造印象

到目前为止,本章一直聚焦于我们对个体和群体的看法,以及这种看法对警务和刑事司法系统的意义。现在我们要看看人们怎样看待我们以及我们一开始如何看待他人。有句老话,"你只有一次机会给人留下好印象",这和警务工作的关系十分密切。研究发现,受害者对警察的看法来自警察行为的各个方面(Stephens & Sinden,2000)。警察的最初反应很有可能形成了受害者对刑事司法系统的总体看法。警方的反应是受害者与刑事司法机构的"第一次接触",这对警察创造一个好的第一印象而言十分重要。现在,警方比以往任何时候都更加关注公众形象,并将公众(有时被称为"客户")满意度放在第一位。现在已被停用的"治安承诺"中的引言中,将绩效指标换成了公众满意度,这意味着现在公众在判定警察表现方面处于重要位置(Fleming & McLaughlin,2010;O'Connor,2010)。当今警务工作的一项重要挑战是与社区积极沟通交流,并取得他们对警方的信心与信任。因此,公众信心已经成为警务工作中的一项重要政策(Fleming & McLaughlin,2010)。

我们对某人形成最初看法通常基于几个方面:容貌、发型和穿着、体态和声音(包括音调)。对于警察而言,我们是否经常听到"他的脸不相称"或"我不喜欢他的长相"(Ainsworth,2002)。有什么能使警察给受害者留下好印象呢?斯蒂芬和辛登(Stephens & Sinden,2000)发现,那些不仅关注事实而是专心且愿意倾听的警察,以及那些对受害者表现出理解和关心的警察会在受害者的知觉中建立正面形象。这也许是因为这些警察的"外形形象"、肢体语言(体态)和与受害者的交谈方式,例如用安慰和同情的语气(声音和音调)。相同的研究还发现,严肃的警察会因为他们将受害者视为能够获取信息的目击证人,而被视为粗鲁、缺乏同情心(Stephens & Sinden, 2000)。这类警察可能看上去很冷淡、急躁或不担心受害者的困境,他们会表现出封闭的肢体语言,说话语气也更生硬。我们将在第4章中探讨人际交往与交流技巧的重要性。

我们倾向于以一些标准来快速形成对一个人的印象,然后将这些印象归纳成这个人的特质。这个过程和先前讨论过的基本归因错误有相似之处。形成对他人的印象可被视为一种"推理",因为我们观察他人的外表和行为,再据此推论他们。当和犯罪受害者打交道时,让他们有一段与警察相处的积极经历是十分重要的,这也是当代警务工作的一个核心。虽然现在已经不再使用"治安承诺",但很多权力部门仍然恪守该承诺的信条,或在对公众提供服务时以该承诺为标准。比方说,大都会警察局在"我们对公众的承诺"中提到,公众对警方的满意度是公众信心的晴雨表。这项承诺提到,警方会始终怀着尊敬与尊重之情公平对待大众,确保每个人都能在合理、合适的时候获得服务(www.met.police.uk)。通过给受害者留下一个好印象,警方可以防止二次伤害的发生。二次伤害是由刑事司法体系不经意间对犯罪受害者的冷漠对待而导致的(Goodey, 2005)。例如,如果警方以一种质疑的方式讯问事件的真实性,即对对方陈述的真实性表示怀疑,那么受害者可能会在与刑事司法体系打交道的过程中受到二次伤害(参见第4章中的人际交往技巧,该处将会对此作出更详细的分析)。

不过，我们对事物的知觉并不总是一个清晰或明确的过程。请看图3.2和图3.3，说说你看到了什么。

图 3.2

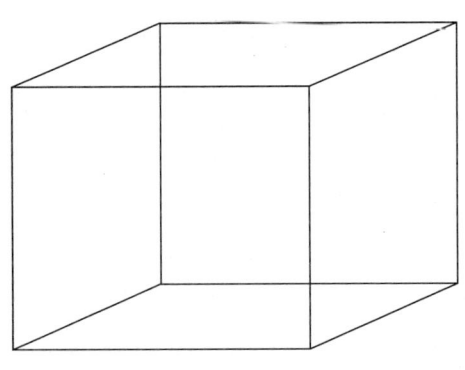

图 3.3

图3.2可被视为两张脸或一个花瓶。而另一张图则显而易见是一个内克尔立方体，即在二维空间中表现一个三维物体。如果你长时间盯着这个立方体，你会发现它的方位发生了变化。如果我们不凑近看，我们的大脑会认为它是一个保持不变的图片，只有当我们足够靠近时，我们的知觉才会发生改变。这和本章中探

3 警务、归因、刻板印象和偏见

讨的很多社会心理学概念是一样的。我们如何形成刻板印象、偏见以及这些是如何影响我们的人际交往的,只有在我们反思它们时才会注意到。我们可以通过反思我们的经验来做到这一点,而警察可以通过反思与潜在的罪犯或受害者互动来做到这一点。在本系列书中有一本书专门写警察的反思,强烈推荐大家阅读(See Copley,2011)。

本章小结

本章聚焦于我们如何形成刻板印象、归因和对他人的看法,评估它们会对歧视与偏见产生怎样的影响,并评估这些对警察角色的影响。刻板印象、归因错误和基于有限信息形成对他人的看法(比如说第一印象)是我们会经常做的事情;然而,这些对警察来说却是个大问题,因为他们会因此作出带有偏见的决策,从而对个体或社会造成实质性的后果。对人类归因和知觉的了解能够确保我们的行为更加谨慎,明确我们的行为会造成什么样的可能后果。

FURTHER READING

Burt, MR (1980) Cultural Myths and Supports for Rape. *Journal of Personality and Social Psychology*, 38 (2): 217–30.

Dripps, DA (2003) Fundamental Retribution Error: Criminal justice and the social psychology of blame. *Vanderbilt Law Review*, 56 (5): 1381–438.

Finch, E and Munro, VE (2005) Juror Stereotypes in Blame Attribution in Rape Cases Involving Intoxicants. *British Journal of Criminology*, 45: 25–38.

Tajfel, H, Billig, MG, Bundy, RP and Flament, C (1971) Social Categorization and Intergroup Behaviour. *European Journal of Social Psychology*, 1: 149–77.

REFERENCES

Ainsworth, PB (2002) *Psychology and Policing*. Cullompton: Willan.

Allport, GW (1954) *The Nature of Prejudice*. Cambridge, MA: Addison–Wesley.

Becker, HS (1963) *Outsiders*. London: Collier–Macmillan.

Brehm, SS, Kassin, SM and Fein, S (1999) *Social Psychology*. New York: Houghton Mifflin.

Brewer, MB and Crano, WD (1994) *Social Psychology*. New York: West.

Buddie, AM and Miller, AG (2001) Beyond Rape Myths: A more complex view of perceptions of rape victims, 45 (3–4): 139–60.

Burr, V (2002) *The Person in Social Psychology*. Hove: Psychology Press.

Burt, MR (1980) Cultural Myths and Supports for Rape. *Journal of Personality and Social Psychology*, 38 (2): 217–30.

Carr–Hill, R and Drew, D (1990) Blacks, Police and Crime, in Bhat, A, Carr–Hill, R and Ohri, S (eds) *Britain's Black Population: A new perspective*. Aldershot: Gower.

Copley, S (2011) *Reflective Practice for Policing Students*. Exeter: Learning Matters.

Dean, C, Mann, RE, Milner, R and Maruna, S (2007) Changing Child Sex Abusers' Cognition, in Gannon, TA, Ward, T, Beech, AR and Fisher, D (eds) *Aggressive Offenders' Cognition: Theory, research and practice*. Chichester: John Wiley.

Dripps, DA (2003) Fundamental Retribution Error: Criminal justice and the social psychology of blame. *Vanderbilt Law Review*, 56 (5): 1381–438.

Finch, E and Munro, VE (2005) Juror Stereotypes in Blame Attribution in Rape Cases Involving Intoxicants. *British Journal of Criminology*, 45: 25–38.

Finkelhor, D (1984) *Child Sexual Abuse: New theory and research*. New York: The Free Press.

Fleming, J and McLaughlin, E (2010) The Public Gets what the Public Wants? Interrogating the 'public confidence' agenda. *Policing*, 4 (3): 199–202.

Foster, J (2008) 'It Might Have Been Incompetent, but it Wasn't Racist': Murder detectives' perceptions of the Lawrence inquiry and its impact on homicide investigation in London. *Policing and Society*, 18 (2): 89–112.

Girard, AL and Senn, CY (2008) The Role of New 'Date Rape Drugs' in Attributions about Date Rape. *Journal of Interpersonal Violence*, 23 (1): 3–20.

Goodey, J (2005) *Victims and Victimology: Research, policy and practice*. Harrow: Pearson Longman.

Gregson, M, Hill, R and Blagden, N (200) Behaviour Between Groups, in Banyard, P, Davies, MNO, Norman, C and Winder, B (eds) *Essential Psychology: A concise introduction*. London: Sage.

Hamilton, DL and Crump, SA (2004) Stereotypes, in Spielberger, C (ed.) *Encyclopaedia of Applied Psychology*. New York: Elsevier.

Heider, F (1958) *The Psychology of Interpersonal Relations*. Chichester: John Wiley.

Jones, EE and Nisbett, RE (1972) The Actor and the Observer: Divergent perceptions of the causes of behavior, in Jones, EE, Kanouse, DE, Kelley, HH, Nisbett, RE, Valins, S and Weiner, B (eds) *Attribution: Perceiving the causes of behavior*. Morristown, NJ: General Learning Press.

Kelly, L, Lovett, J and Regan, L (2005) *Gap or Chasm? Attrition in reported rape cases*. London: Home Office.

Lemert, EM (1951) *Social Pathology*. New York: McGraw-Hill.

Lea, J and Young, J (1984) *What Is to Be Done about Law and Order?* London: Pluto Press.

Lippmann, W (1922) *Public Opinion*. London: Allen & Unwin.

Lonsway, KA and Fitzgerald, LF (1994) Rape Myths: In review. *Psychology of Women Quarterly*, 18: 133–64.

Macpherson, Sir William (1999) *Report of the Stephen Lawrence Inquiry*. London: HMSO.

Maruna, S (2001) *Making Good: How ex-convicts reform and rebuild their lives*. Washington, DC: American Psychological Association.

Maruna, S (2004) Desistance and Explanatory Style: A new direction in the psychology of reform. *Journal of Contemporary Criminal Justice*, 20: 184–200.

Maruna, S and Mann, R (2006) A Fundamental Attribution Error? Rethinking cognitive distortions. *Legal and Criminological Psychology*, 11 (2): 155–77.

Meredith, A and Whitty, M (2010) Social Judgments and Behaviour, in Banyard, P, Davies, MNO, Norman, C and Winder, B (2010) *Essential Psychology: A concise introduction*. London: Sage.

O'Connor, D (2010) Performance From the Outside-In. *Policing*, 4 (2): 152–6.

Pemberton, S (2011) Unpublished PhD thesis, Nottingham Trent University.

Reiner, R (1997) Policing and the Media, in Newburn, T (ed.) *Handbook of Policing*. Cullompton: Willan.

Ross, L (1977) The Intuitive Psychologist and his Shortcomings: Distortions in the attribution process, in Berkowitz, L (ed.) *Advances in Experimental Social Psychology*, vol. 10. New York: Academic.

Salter, AC (2001) *Predators: Pedophiles, rapists and other sex offenders*. New

York: Basic Books.

Scarman, L (1982) *The Scarman Report: The Brixton disorders, 10 – 12 April 1981: Report of an inquiry.* Harmondsworth: Penguin.

Seligman, MEP (1975) *Helplessness: On depression, development & death.* San Francisco, CA: Freeman.

Skolnick, J (2008) Enduring Issues of Police Culture and Demographics. *Policing and Society*, 18 (1): 34 – 45.

Snyder, CR and Higgins, RL (1988) Excuses: Their effective role in the negotiation of reality. *Psychological Bulletin*, 104 (1): 23 – 35.

Stephens, B and Sinden, P (2000) Victims, Voices: Domestic assault victims' perceptions of police demeanor. *Journal of Interpersonal Violence*, 15: 534 – 47.

Tajfel, H (1981) *Human Groups and Social Categories: Studies in social psychology.* Cambridge: Cambridge University Press.

Tajfel, H and Turner, JC (1979). An Integrative Theory of Intergroup Conflict, in Austin, WG and Worchel, S (eds) *The Social Psychology of Intergroup Relations.* Monterey, CA: Brooks/Cole.

Tajfel, H, Billig, MG, Bundy, RP and Flament, C (1971) Social Categorization and Intergroup Behaviour. *European Journal of Social Psychology*, 1: 149 – 77.

Taylor, DM and Moghaddam, FM (1994) *Theories of Intergroup Relations: International social psychological perspectives.* Westport, CT: Greenwood.

van Dijk, TA (1992) Discourse and the Denial of Racism. *Discourse and Society*, 3: 87 – 118.

Williams, R (2008) I Did My Bit in Reporting a Rapist, the Authorities Didn't Do Theirs. *The Guardian*, 16 August. Online at www.guardian.co.uk/uk/2008/aug/16/rape.police (accessed 1 February 2010).

Winter, D (2003) Stress in Police Officers: A personal construct theory perspective, in Horley, J (ed_) *Personal Construct Perspectives on Forensic Psychology.* Hove: Brunner – Routledge.

USEFUL WEBSITES

www. hmic. gov. uk/Pages/home. aspx – Her Majesty's Inspectorate of Constabulary

www. homeoffice. gov. uk/police – Home Office information on the police

www. met. police. uk/about/performance/confidence. htm – Metropolitan Police, Public Attitude Survey

4 沟通、人际交往和讯问技能

⇨ 本章目标 ⇦

在完成本章的学习后,你应能做到以下几点:

- 了解与嫌犯沟通所需的关键讯问和人际交往技能;
- 能够说出与受害者沟通所需的关键讯问和人际交往技能;
- 将好的讯问和人际交往技术运用到你的职业实践中;
- 列出警方工作中的主要讯问技术。

⇨ 与标准的关联 ⇦

本章内容可能与国家职业标准(NOS,2008)中关于警务与执法部门所需司法技能的规定有所关联。

  AE1 保持与提升你的知识和能力。

  AA1 促进平等,尊重多样化。

  AB1 与人有效沟通。

HA2　　　管理自己的资源和职业规划。

BE2　　　向受害者、幸存者和目击者提供潜在帮助，对他们的需求进行评估以便进一步提供帮助。

POL1B10　帮助在人际关系中有困难或有潜在困难的个体。

POL2H1　讯问受害者和目击者。

随着资格与学分框架（QCF）的推行，"国家职业标准"这一说法也许会发生一些改变。在本书撰写时，新提法还没有确定，有些组织会用到"资格与学分评估单元"这一提法。

每一章的开头都会提到该章内容与国家职业标准的关联性。但是，要注意的是，这些只是在本书撰写时的情况，具体情况请参阅司法技能网站：www.skillforjustice – nosfinder.com[*]。

4 沟通、人际交往和讯问技能

引 言

本章列出了一些我们在讯问嫌犯和受害者时所需要的关键技能和概念,并思考了哪些人际交往和沟通技能有助于有效开展警务工作。作为一名警察,在日常工作中你需要有效的人际交往技能,因为你很有可能要花费大量的时间与公众打交道,且不同沟通对象之间的差异巨大。因此,警察需要灵活的人际交往和沟通技能,能适当应对不同个体的反应。一个人遭受严重的家庭暴力,她因此变得很脆弱,所以她需要一种不同的对待方式,警察不能像对待抱有敌意的嫌犯一样对待她。贝克和赫芬(Bakker & Heuven,2006)提出,警察这个职业可被归类为"情感劳工",因为他们需要在日常生活和不同场合中灵活运用自己的感情来完成工作。温特(Winter,2003)提出,警察所承受的压力与警务工作的"情感性"有关(我们将在第7章中详细叙述)。

心理学的概念、理论和研究非常有助于提升和加强警察的讯问和人际交往技能。本章研究了与受害者和嫌犯互动所需的人际交往技能,同时列出了调查和认知访谈技能,讨论了如何识破骗局。本章还进一步引用了心理治疗文献,并强调文献中的核心概念可以有效提升警方对犯罪受害者的工作。

思 考

拿一张纸将其分成两半,在一半上面写"警方想从受害者身上得到什么",在另一半上面写"受害者想从警方那里得到什么"。写下你认为双方都想从对方身上得到的东西,然后思考一下,在警方与受害者的关系中,谁更占上风?

讯问嫌犯

本章基本上可分为两节:对嫌犯的讯问和对受害者的讯问。接下来讨论与嫌犯和受害者进行有效互动所需的讯问程序及人际交往和沟通技能。

调查讯问

"调查讯问"一词于20世纪90年代被引入英格兰和威尔士。这一步意味着审讯工作脱离了警察的逼供讯问哲学,转向一种证据搜集程序(Gudjonsson,2007)。当时,警方的讯问人员和讯问都很差劲,所以人们存在一种担忧,担心这会导致冤案的上升。本章中会明确指出,对"受害者/目击者"的讯问与对"嫌犯"的讯问之间有着关键性的差异。前者可在他们的家中进行,相对于对质和起诉,对他们的讯问可以相对自由(虽然并不总是这种情况,有些犯罪受害者,例如强奸和家庭暴力的受害者,可能会成为受害者谴责过程中的"受害者",比如询问其行为是如何助长了犯罪的)。在警方讯问过程中,受害者的角色是回忆事件并提供证据。而嫌疑犯更有可能面对的是审问,这是一种对峙性更强的程序,涉及指控和说服。由于牵扯到犯罪,嫌疑犯会被问到其犯罪行为和意图(Gudjonsson,2007)。

多年来人们写了很多警方讯问手册,但其中心哲学思想是:

大多数犯罪嫌疑人拒绝认罪是因为他们羞于承认自己的行为以及不愿承担法律后果。在他们看来,如果要揭示真相,一定程度的压力、欺骗、劝服和操控是必需的。

(Gudjonsson,2003,p7)

与上述引文相一致的讯问形式与"里德讯问技巧"有关,这种技巧过度依赖于操控嫌疑犯,同时也是美国使用最广泛的讯问技巧。这类技巧固有的问题是有罪推定,而有时这是错误的,会造成视野狭隘,从而导致嫌疑犯因压力而认罪(Gudjonsson,2003,2007)。

为了提高警察(当时的讯问太具有对抗性且计划性很差)的讯问技能,英国自1993年开始实施一项国家训练计划(参见内政部卷宗22/1992和7/1993)。该计划引入了讯问的PEACE模式,这是一种从控告讯问模式向基于真相探寻、公平和信息搜集的询问模式的转变(Walsh & Milne,2008)。该模式强调要多采用开放式问题,这是伴随搜集证据途径的转变而发生的。

PEACE 模式可被分解为：

P - 准备（Preparation）和计划（Planning）——包括收集案件信息，安排讯问并确保到场，以及确定合适的场所。

E - 沟通（Engage）和解释（Explain）——这是讯问正式开始时的开场语，要符合法律程序并对其解释（例如告知其权利，解释讯问会涉及的内容等）。

A - 说明（Account）——要求讯问对象提供关于事件的说明，并就某些关键点加以澄清和接受对质。

C - 结束（Closure）——这个时候讯问者总结询问过程中的要点，并给嫌疑犯一个补充或更改的机会。

E - 评估（Evaluate）——评估在讯问过程中所得到的说明和证据（根据证据）。

PEACE 模式仍然可以作为警察审讯嫌疑犯的框架。有研究发现，PEACE 训练法能够提高讯问技能，但新警察们感觉需要更多的讯问技巧训练（Dando et al.，2008）。

识别欺骗

思 考

你怎样识别欺骗？在一张清单上写出证明他人欺骗你的证据。学完本节再回头看这张清单，你对识别欺骗的看法改变了吗？

能够识别欺骗并察觉某人说谎或说实话，这一点对警察（对社会中的每个人而言）来说有巨大的帮助。如果我们总是能够区分谎言与真相，社会交往将会大不一样。那么，我们如何知道别人在骗我们呢？关于说谎的行为线索的研究发现，说谎者会更倾向于避开目光（不敢看你的眼睛）、手脚乱动、坐立不安以及表现出其他动作（Bull et al., 2006）。而人们之所以这样认为，是因为这些线索能够有效地反映出紧张（说谎者被认为会更加紧张），或者是因为此人是大家注意的焦点，所以他会转移人们的视线，动作更多。但问题是，人在说实话时也可能会如此。例如，无辜的嫌疑犯在接受警方讯问的时候可能会变得情绪不稳定，不得不努力思考，尤其是，当他们感到讯问带有强制性和侵略性时。此外，当一个人情绪波动时，他很难提取信息，对他而言，回忆会变得更加困难（Bull et al., 2006）。那么，人们是否擅长识别他人的欺骗呢？心理学研究一致发现，我们在识别他人谎言上表现很差，近期的研究表明，大多数人在识别他人谎言上的表现比随机判断强不到哪里去（Bull et al., 2006）。

所以，大众在识别欺骗方面并不在行，那么警察呢？他们会做得更好吗？研究再一次表明，警察在确定谁说谎谁说实话方面也有困难。研究显示，无辜的人在接受警方讯问时会表现出与说谎者相同的行为线索。如在第 3 章中强调的，警察会由于知觉形成和刻板印象，在判断上犯错（我们都会这样）。这种情况还会因犯罪者的动机和经验而进一步复杂化，罪犯习惯于说谎，在某些情况下，他们会过着多重生活，以接近受害者（see. e. g.，Salter，2001）。威基（Vrij）表示，有经验的罪犯……对他们来说给其他人留下一个好印象十分重要……不太可能在说谎时表现出紧张行为（2000，p51）。

有关欺骗研究的主要局限在于，它们并不是对真实生活情境的反映。真实情境通常是高风险和高赌注（例如犯罪者可能会失去某些东西——比方说自由等）。举例来说，威基和曼（Vrij & Mann，2001）发现，与基于实验室的范例相比，在真实的询问中，警方能够更好地识别犯罪者的欺骗。但同时他们还发现，那些对谎言和说谎行为（比如说坐立不安）持有刻板认知的人不比测谎仪表现得好。与谎言有关的线索并不是我们想立即得到的。比方说，与说实话的人相比，说谎者眨眼和手/手臂动作会减少，说话停顿会增加（Bull et al.，2006）。威基认为，这可能是因为"认知负担"的增加（因为努力思考自己的故事而减少肢体运动）。有趣的是，威基等人（2008）发现，让嫌疑犯倒叙他们的故事（从结尾向前叙述）会增加"认知负担"，这样就更容易找出说谎者。

到此为止，我们已经讨论了一些行为线索，但是很多研究者（e. g.，Vrij & Mann，2001）发现，从叙述（人们的故事）和说话中更容易发现线索。正如前面讨论过的，威基等人（2008）以及威基和曼（2001）已经提出了一种观点：撒谎，尤其是在高风险的情境中（意识到有可能会被抓住），会增加"认知负担"，这也就是说，罪犯必须更努力地编造自己的谎言。结果，威基和曼（2001）发现，说谎时语言中包含了更多错乱、更长的停顿，并且语速更慢。在麦考马克等人（McCormack et al.，2009）的一项研究中，他们要求参与者给出两种陈述：一种是真实的自传体事件，另一种是无中生有的事件。结果发现，无中生有的事件往往伴随着情景细节和人际互动，并包含着不自觉的辩解。简而言之，这看上去有点像被扒光的叙述（McCormack et al.，2009）。这个现象会在那些否认自己犯罪的性犯罪者中出现。"否认"犯罪的罪犯会给出与犯罪行为和犯罪时间无关的情景细节、合理化说辞和辩解。而当被问及为什么他们会被指控、逮捕和定罪时，无罪的参与者则会给出极少的细节信息和十分有限的阐述（Blagden，2011）。

治疗技术

心理治疗文献中有一些内容对警察讯问有很大的帮助。心理治疗，尤其是认知行为疗法，通过一些技术，允许人们在其立场不受直接质疑或非敌意的情境下谈论和透露信息。性犯罪者治疗计划（SOTPs）就是一个典型的例子。该计划试图澄清和挑战支持犯罪的认知模式，形成新的态度以改变对犯罪行为的支持态度（Hollin & Palmer，2006）。为了达到此目的，训问中要将重点放在信息揭露和犯罪描述上——简而言之，就是那些犯罪者不愿谈论的方面。因此，治疗师们不得不找到一种建设性的方式与罪犯打交道并促使他们谈论自己的罪行。本节将会着重介绍几种这样的方法以及它们对警务实践的助益。

动机访谈

动机访谈（MI）已经发展成了一种流行的技术，用来鼓励罪犯参与治疗，并帮助他们解决犯罪行为中所存在的各方面的矛盾（罪犯的一种复杂情感）。动机访谈所寻求的不是直接说服，（取而代之的是）咨询师会系统地引导来访者并强调关切和改变的理由，同时在探索矛盾感的过程中维持温暖和支持的氛围（Miller，1996，pp839-40）。与某些调查讯问技巧所不同的是，动机访谈并不赞成与来访者接触时的"对抗"模式，后者强调警员需要挑战和对抗以应对嫌犯的否认和欺骗（Miller & Rollnick，2002）。

动机访谈有一个假设，即人们不愿透露信息是出于对此的复杂感觉；例如，他们想说实话却担心后果（例如法律后果和羞耻），所以他们维护自己的立场。使用一些动机访谈的策略，例如弱化标签（可以包括给人安全感）、弱化消极因素（如惩罚）、利用对自我动机陈述的反思（用于强化"主题"）、强调个人选择、了解承认的困难，均有助于降低自我保护策略（see, e.g., Mann & Rollnick，1996）。对抗只会增加人们的反抗。动机访谈方式与警务工作的直接联系并不大，因为这种技术的使用需要几周甚至几个月，而警察是没有这个时间的。在此可以指出的是，动机访谈的原理和对动机的理解非常有用，可以作为警察讯问技巧

4 沟通、人际交往和讯问技能

的补充。

虽然不是严格意义上的动机取向，但巴特利的模型对于警方来说却是一种在不同场合中都很有效的人际交往技能。巴特利的模型又被称为冲突循环，是一个简单的模型，它说明了行为和态度的关系，具体来说指的是一个人的行为和态度如何影响另一个人的行为和态度（Clements & Jones，2002）。该模型可参见图4.1。

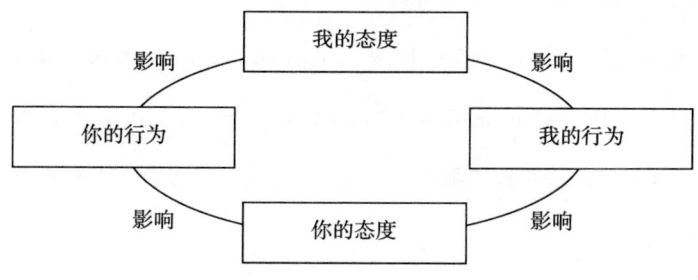

图4.1 巴特利的模型

这个模型与警务人员息息相关，因为他们将时常面临敌意环境（如周五和周六晚上的闹市区）或讯问嫌犯或受害者。这些人也许不想和你交谈，至少在一开始不想，所以他们可能会带有攻击性。重要的是，不要以牙还牙，而要打破这种冲突循环。保持开放的姿态和冷静，你的行为和态度会影响他人的行为和态度，你应该设法使他们冷静下来。因此，作为一个警察，你应该树立好的榜样，表现出合适的行为（Clements & Jones，2002）。

在与受害者打交道时治疗技术也非常重要，下一节我们将继续讨论这些技术。

讯问受害者

思 考

- 你认为与受害者打交道时需要哪些基本的技能？在一张清单上写下几种技能，然后阅读本节内容。

- 读完后，访问以下网址：www.westyourshire.police.uk/188%7CPublic＋Satification＋and＋Confidence*，网站上详细呈现了公众对西约克郡警察局的信心和满意度。网站所列出的内容突出了什么？

提升"公众满意度"已经成为警方工作的一个重要方面，所以，警察给受害者留下一个好印象比以往任何时候都显得更加重要。2004年的《家庭暴力、犯罪和受害者法案》已将受害者投诉警察制度化，而近期的政策，例如《受害者实务守则》（VCOPs，2006）规定了警方可以提供哪些最基本的帮助。在当今时代，权力已经从警察转移到了受害者，因为刑事司法系统已经越来越重视客户满意度和信心。上面的"思考"提到，网站上的内容重点围绕满意度和信心，且受害者被称为"客户"。受害者现在已经被视为一项服务的消费者，而不是警方可以从中榨取信息的人。如赞德所说：

受害者现在被视为刑事审判过程中的重要角色……在犯罪报

4 沟通、人际交往和讯问技能

告中没有受害者的配合……大多数犯罪将不会被发现和报告。

(2002，p435)

因此，在刑事司法系统（CJS）中，受害者现在被视为极其重要的角色。

现在，对于警察来说，与受害者进行良好交往，留下好的印象，有足够的人际交往和沟通技能，与受害者成功合作并向其提供所需的帮助和建议，比以往任何时候都重要。本节剩余部分将详细介绍一些与受害者打交道时需要的程序和讯问技能。

与受害者共事（而不是对立）

正如讯问嫌疑犯中提到的，心理治疗技术对于警务工作者很有帮助，因为这些技术可以提升警察的人际交往技能并帮助他们理解人类行为的心理机制。大多数心理治疗工作的基础是"治疗中的联盟"——换言之，就是治疗师和来访者之间的工作关系（Claringbull，2010）。如果没有这种关系，就谈不上治疗的其他方面。治疗中与行为改变和个人成长有关的因素是共情、温暖、真诚、尊重、支持、治疗师的风格和自我表露（Serran et. al.，2003）。所有这些都可以被移植到警方工作中，促进警方与受害者的关系。事实上，同样重要的关系也可以在"受害者-警方联盟"中看到。这种双方关系的重要性体现在各个方面，主要体现是，良好的工作关系意味着受害者会感受到自己得到倾听和尊重，这样他们就会更愿意和警方合作。受害者同时也更可能以积极的眼光看待警方，并对未来充满希望，且更有信心克服事件对其带来的影响。因此，"受害者—警方联盟"十分重要，下一节中我们将详细介绍哪些技术和技能可促进这种关系的建立。

认知访谈

认知访谈（cognitive interview，CI）技术可以将目击者的偏差最小化，并优化目击者的记忆（Geiselman，1996）。对受害者或目击者的讯问借助了认知（记忆是如何工作的）和社会心理学（什么是好的沟通技能）的概念，于是也就突出了心理学与警务有着怎样的实际联系。

认知访谈以有关记忆的研究和理论为基础，由以下四种记忆提取术构成（帮助记忆的工具）。

- 案件发生时人物与环境背景的"心理重建"（Geiselman et al.，1985）。这将帮助受访者在思维中重建原本事件的关键细节，然后更加清晰地回忆整个事件（Bull et al.，2006）。
- "报告所有内容"——鼓励受害者说出所有的细节，因为某些人可能会觉得某些信息不重要，不需要报告。警方鼓励受害者和目击者说出所有的细节，哪怕是记忆碎片，而不要去考虑信息的重要性。
- "用另一种顺序重新叙述事件"——通常情况是按照时间顺序回忆事件，但也可以利用其他的陈述顺序，例如使用倒叙。格斯尔曼等人（Geiselman et al.，1985）鼓励访问者们适时地采用顺叙和倒叙。实际上，格斯尔曼等人（1985）发现，这种技术有助于引出更多的信息。

- "从不同的角度来报告事件"鼓励受访者从不同的角度来回忆案件；例如，尝试将自己想象成案件中的重要角色，从后者的视角来思考会看到什么（Geiselman et al.，1985）。

认知访谈得到了很好的研究。这些研究发现，与传统的警方讯问相比，认知访谈程序能够大幅提升目击者回忆信息的质量和数量（Geiselman et al.，1985；Dando et al.，2008）。警察们接受了认知访谈的PEACE模式训练，其目的是学习必要的目击者讯问技能，并学习认知访谈的原理（Fisher & Geiselman，1992）。PEACE认知访谈还包括建立融洽关系、绝不推测（促进受访者的自由回忆）和鼓励注意力集中（NSLEC，2004）。丹多（Dando et al.，2008）的一项研究考察了警察对认知访谈的认识和他们作为访问者的技能，研究发现，建立融洽关系、报告所有内容、不打断叙述和解释访问过程对警察最有帮助。有趣的是，四个要点中有两个和良好的人际交往与沟通技能有直接关系：建立融洽关系和解释访问过程的能力（这样目击者或受害者会有充分的准备）。本节余下部分将聚焦于讯问受害者所要求的技能。

讯问和人际交往技巧

前面介绍讯问受害者的重要技能时已提到过一个关键，那就是融洽的关系。发展融洽的关系在讯问情景中十分重要，它可以使受访者感到轻松、减少受访者的防范，从而获得更高质量的信息。建立并维持融洽关系可以改善与受害者的沟通，打破某些在讯问者和受访者之间的鸿沟，这些鸿沟很可能会导致反抗。融洽的关系会使受害者在说到犯罪的敏感细节时感到更加安全，从而促进受害者透露信息。前面提到过，最好与某人共事而不是对抗。怎么做到这一点呢？警察可以使用微笑、开放的姿态和提供保证等交往技巧。要注意环境，不要太正式，尝试创造一种轻松的环境，这样可以让受害者觉得他们将会与某些认真接纳他们观点和感受的人一起共事。

倾　听

倾听能力是警察在讯问受害者时所需的关键能力之一。对于受害者来说，有机会开口说话并得到倾听是非常重要的。给受害者一个平台，意味着他们更有可能对警方持有一种正面的看法，从而更有可能配合警方的询问（Stephens & Sinden，2000）。

（倾听）受害者是一个帮助者能够给予的最有用的东西。允许人们用自己的语言来描述其经历可以帮助他们全面公正地看待这个事件并重新获得对自己生活的控制。

（Sprackman，2000，p13）

倾听可以使受害者获得力量并重新夺回生活主动权。然而要注意的是，倾听有两种形式：被动和主动。主动倾听涉及的并不仅仅是听完之后被动地点头表示赞同，还包含了理解他人所说内容并接受之。在主动倾听时我们必须深入了解说话者所说的内容，以他的立场来看待事物并将此传达给听者（比方说通过回应——"你的意思是这样/那样……"），且理解所传达的内容（Rogers & Farson，1957）。罗杰和法森（Rogers & Farson，1957）发现，当人们面临主动倾听时，就会发生个人变化和成长，他们就更有可能从事件中走出来。

共　情

共情可被视为一种能准确感知他人感情并给予温暖回应的能力（Sprackman，2000）。共情关系的建立能够让受害者感到被理解和被接受，这样能促使他们讲述痛苦的经历。面对暴力或性犯罪受害者时，这种能力尤为必要（Gilbert，1992）。如何做到共情呢？有多种方法来表达共情，包括检查你是否准确理解了受害者的叙述，反思你的沟通方式，注意你的姿态、音调和面部表情。

真　诚

真诚是一种能够促进其他技能且给他人带来变化的能力。要做到真诚就需要开诚布公和诚实地回应（Sprackman，2000）。通过真诚，一个人会被接受并能感受到支持——受害者会感受到他们很重要，而不仅仅只是又一个受害者而已。受害者会对警察有更切实际的期望，因为警察也"真实地"对待他们。真诚也可被认为是表里如一，这意味着警察就是他本人而不是身在人不在；在那时警察是"和受害人在一起"的（而不是心里想着下一项工作，处理移交的案件或想着离开）（see, e.g., Rogers，1956）。你如何显示真诚？警察要诚实并坦率地对待受害者的感情。真诚并不是要当一个"超级支持者",而是要设身处地了解受害者的难处。警察的言语和非言语交流要保持一致,例如保持目光接触,做出开放的姿态。

尊　重

最后要讨论的是最重要的一项人际交往技能——尊重。尊重应该是能够不加褒贬地接受他人,它支撑着前面提到的其他的人际交往和沟通技能。你该如何表达尊重呢？重视受害者的想法、观点和感受,不对他们做出任何道德上的评判(避免谴责受害者,例如,他们做了些什么使得自己处于那种境地)(Sprackman,2000)。尽力保证谈话场合的适宜性,确保受害者感到舒服。警察可以作出最大改变的一个方面就是通过引发人际互动对合适的群体提供主动帮助。如果能够熟悉并了解国家和地方政府可为受害者提供哪些帮助和服务也会有很大帮助。作为一个地方警察,对地方援助机构和慈善机构有所了解尤为重要。通过了解这些,你可以更好地帮助受害者并向他们推荐有效的机构。例如,"强奸幸存者创伤"(STAR)团体是约克郡的一个地方慈善机构,它向强奸受害者提供帮助、信息和辅导。很多受害者不知道这种机构,而如果某位警察了解这种机构的信息,他就可以帮助受害者恢复。

4 沟通、人际交往和讯问技能

> **案例分析**
>
> 周六深夜，你接到一个电话，通知你有情况发生。有个女人打电话来说她被丈夫打了，她很担心自己的安全。地址你很熟悉，是萨拉和西蒙家，并且这是四周以来的第五个电话了。
>
> 一份 VIVID 记录告诉你，西蒙惹过很多麻烦，包括暴力侵犯、恶意损坏、威胁行为和违反公共秩序。他们与两个孩子同住在一处公屋中。当你到达萨拉家时，她打开门，你注意到她眼眶周围和右侧脸颊有明显擦伤。你进入房屋并与之交谈，这时她变得十分生气并开始大叫，很明显，她很沮丧。
>
> 在你对萨拉的询问过程中，她一直挣扎着试图保持冷静，但她却做不到，她开始变得具有攻击性并要求你"把他关起来"。她解释道，她去超市买东西回到家时，西蒙很生气并质问她去了哪里，干了些什么。虽然孩子们和她在一起，但西蒙却坚持认为她在和别人约会。他喝了酒，在争吵过程中打了她几下，当时孩子还在场。萨拉说，她实在不能忍受这种关系了，而且她也已经开始酗酒。

思 考

作为一个警察，你经常会碰到这种案件。在这类案件中，与受害者的良好互动十分重要，因为这会对她与警察打交道产生持久的影响，影响她的起诉和事后恢复。

- 阅读并思考这个案例，写下你会怎样与这个受害者互动，你会用到哪些人际交往和沟通技能？

本章小结

本章列出了一些关键的人际交往和沟通技能，这些技巧对于应对嫌犯和受害者这类警务工作而言十分必要。书中讨论并评估了现有的程序，例如调查讯问程序和认知访谈。本章中还提出，警察怎样利用心理治疗和心理学文献中的知识来与受害者互动，才能更有效和具有建设性。如上所述，与受害者的人际互动是警方工作的基石，而且警方越来越重视受害者对警方所提供的服务是否感到满意。通过对所述核心概念的理解和运用（融洽的关系、尊重、真诚和倾听），警方能更有效地应对受害者。

REFERENCES

Bakker, AB and Heuven, E (2006) Emotional Dissonance, Burnout and In-role Performance among Nurses and Police Officers. *International Journal of Stress Management*, 13: 423-40.

Blagden, N (2011) Understanding Denial in Sexual Offenders: Implications for policy and practice. Unpublished PhD, Nottingham Trent University.

Bull, R, Cooke, C, Hatcher, R, Woodham, J, Bilby, C and Grant, T (2006) *Criminal Psychology: A beginners guide*. London: Oneworld.

Claringbull, N (2010) *What Is Counselling and Psychotherapy?* Exeter: Learning Matters.

Clements, P and Jones, J (2002) *The Diversity Training Handbook: A practical guide to understanding and changing attitudes*. London: Kogan Page.

Dando, C, Wilcock, R and Milne, R (2008) The Cognitive Interview: Inexperienced police officers' perceptions of their witness/victim interviewing practices. *Legal and Criminological Psychology*, 13 (1): 59-70.

Fisher, RP and Geiselman, ER (1992) *Memory-enhancing Techniques for Investigative Interviewing: The cognitive interview*. Springfield, IL: Charles C Thomas.

Geiselman, RE (1996) *Eye Witness Testimony*. Balboa Island, CA: American College of Forensic Psychology Press.

Geiselman, RE, Fisher, RP MacKinnon, DP and Holland, HL (1985) Eyewitness Memory Enhancement in the Police Interview: Cognitive retrieval mnemonics versus hypnosis. *Journal of Applied Psychology*, 70: 401-12.

Gilbert, N (1992) Realities and Mythologies of Rape. Society, 4: 4-10.

Gudjonsson, GH (2003) *The Psychology of Interrogations and Confessions: A handbook*. Chichester: John Wiley and Sons.

Gudjonsson, GH (2007) Investigative Interviewing, in Newburn, T, Williamson, T and Wright, A *Handbook of Criminal Investigation*. Cullompton: Willan.

Hollin, CR and Palmer, EJ (2006) Offending Behaviour Programmes: Controversies and resolutions, in Hollin, CR and Palmer, EJ (eds) *Offending Behaviour Programmes: Development, application and controversies.* Chichester: John Wiley and Sons.

Home Office (1992) *Principles of Investigative Interviewing.* Circular 22. London: Home Office.

Home Office (1993) *Training for Investigative Interviewing.* Circular 7. London: Home Office.

Mann, RE and Rollnick, S (1996) Motivational Interviewing With a Sex Offender Who Believed He Was Innocent. *Behavioural and Cognitive Psychotherapy*, 24: 127–34.

McCormack, X Ashkar, A, Hunt, A, Change, E, Silberkleit, G and Geiselman, RE (2009) Indicators of Deception in an Oral Narrative: Which are more reliable? *American Journal of Forensic Psychiatry*, 30 (4): 49–56.

Miller, WR (1996) Motivational Interviewing: Research, practice, and puzzles. *Addictive Behaviours*, 21 (6): 835–42.

Miller, WR and Rollnick, S (2002) *Motivational Interviewing: Preparing people for change.* New York: Guilford Press.

NSLEC (National Specialist Law Enforcement Centre) (2004) *Practical Guide to Investigative Interviewing.* Wybosten: National Centre for Policing Excellence.

Rogers, CR (1956) The Necessary and Sufficient Conditions of Therapeutic Personality Change. *Journal of Consulting and Clinical Psychology*, 60 (6): 827–32.

Rogers, CR and Farson, RE (1957) Active Listening, in Newman, RG, Danziger, MA and Cohen, M (eds) (1987) *Communication in Business Today.* Washington, DC: Heath and Company.

Salter, AC (2001) *Predators: Pedophiles, rapists and other sex offenders.* New York: Basic Books.

Serran, GA Fernandez, Y, Marshall, WL and Mann, R (2003) Process Issues in Treatment: Application to sexual offender programmes. *Professional Psychology:*

Research and Practice, 4, 368 – 74.

Sprackman, P (2000) *Helping People Cope with Crime*. London: Hodder.

Stephens, B and Sinden, P (2000) Victims, Voices: Domestic assault victims, perceptions of police demeanour. *Journal of Interpersonal Violence*, 15: 534 – 47.

Vrij, A (2000) *Detecting Lies and Deceit*. Chichester: John Wiley and Sons.

Vrij, A and Mann, S (2001) Telling and Detecting Lies in a High – stake Situation: The case of a convicted murderer. *Applied Cognitive Psychology*, 15: 187 – 203.

Vrij, A, Mann, S, Fisher, R, Leal, S, Milne, B and Bull, R (2008) Increasing Cognitive Load to Facilitate Lie Detection: The benefit of recalling an event in reverse order. *Law and Human Behavior*, 32: 253 – 65.

Walsh, DW and Milne, 6 (2008) Keeping the PEACE? A study of investigative interviewing practices in the public sector. *Legal and Criminological Psychology*, 13 (1): 39 – 57.

Winter, D (2003) Stress in Police Officers: A personal construct theory perspective, in Horley, J (ed.) *Personal Construct Perspectives on Forensic Psychology*. Hove: Brunner – Routledge.

Zedner, L (2002) Victims, in Maguire, M, Morgan, R and Reiner, R (eds) *The Oxford Handbook of Criminology*. Oxford: University Press.

USEFUL WEBSITES

www. gasped. org. uk/index. php – Greater Awareness and Support for Parents Encountering Drugs

(GASPED). GASPED is a registered charity established in 1995 offering information, advice, help, guidance, counselling, one – to – one appointments, respite and signposting group/peer support for the parents, partners, grandparents, families and carers who care for, or are affected by, a loved one using drugs and/or alcohol.

www. rapecrisis. org. uk – Rape Crisis (England and Wales) is a registered charity that supports the work of Rape Crisis Centres in England and Wales. It is a feminist organisation that promotes the needs of women and girls who have experienced sexual violence, in order to improve services provided for them, and works towards the elimination of sexual violence.

www. starproject. co. uk – The STAR (Surviving Trauma After Rape) Project is a free support service for females and males aged 14 and over who have been raped or sexually assaulted. STAR offers counselling and emotional and practical support throughout West Yorkshire. STAR Helpline: 01924 298954.

www. womensaid. org. uk – Women's Aid is the national domestic violence charity that helps up to 250,000 women and children every year. They run a 24 – hour domestic violence helpline and work to end violence against women and children. They support over 500 domestic and sexual violence services across the country.

5 侦查心理学和犯罪画像

❖ 本章目标 ❖

在完成本章的学习后,你应能做到以下几点:

● 了解犯罪画像和侦查心理学的原理及如何将它们应用于警务工作;

● 分清关于犯罪画像的神话和事实,对画像的效果有一个实际的了解;

● 评价犯罪画像的方法,评估其对警方调查工作的作用。

❖ 与标准的关联 ❖

本章内容可能与国家职业标准(NOS,2008)中关于警务与执法部门所需司法技能的规定有所关联。

AE1　保持与提升你的知识和能力。

HA2　管理自己的资源和职业规划。

HF15 为决策制定提供信息。

CC2 制定、监控并评论策略,以达到执法行动的战略目标。

随着资格与学分框架(QCF)的推行,"国家职业标准"这一说法也许会发生一些改变。在本书撰写时,新提法还没有确定,有些组织会用到"资格与学分评估单元"这一提法。

每一章的开头都会提到该章内容与国家职业标准的关联性。但是,要注意的是,这些只是在本书撰写时的情况,具体情况请参阅司法技能网站:www.skillforjustice-nosfinder.com*。

5 侦查心理学和犯罪画像

引 言

关于犯罪画像和这类方法的效果已有大量文章发表。这些方法的流行似乎与电视剧和小说中描述如何开展犯罪画像以及什么是犯罪画像紧密相联。犯罪惊悚片，如《破解高手》和《犯罪现场调查》（CSI）促成了所谓的"好莱坞效应"（Canter & Youngs，2004），而现实却有所不同。这些平民化的描述只会误导人们对于调查心理学家的工作和他们在犯罪调查中所扮演角色的认识。然而，本章将对这个过程进行揭秘，介绍犯罪画像的真实目的及其在警方调查和警务工作中的作用。此外，本章还会涉及侦查心理学和犯罪画像的区别。

多年来，犯罪画像取得了重大的发展，尤其在美国，这归功于 FBI 于 20 世纪 70 年代设立的行为科学组（Behavioural Science Unit）。1971~1981 年，FBI 为 192 个案件提供了心理画像，而在几年后，这个数字就上升到了 600。现在 1000 多个案件中都用到了心理画像。在英国，犯罪画像也被纳入了调查中。例如，在 1981~1994 年间，29 名画像师为 242 个案件提供了画像协助（Snook et al.，2007）。不过，正如本章将要讨论的，画像中的证据细节在其使用中仍然滞后于画像本身。确实，有种主张认为，画像的合法性依然存在问题。本章的目的在于揭秘关于画像的"好莱坞效应"（Canter & Youngs，2004），正如艾利森和巴瑞特（2004）所说，人们对于画像现状仍持有许多不切实际的观点。

犯罪和罪犯画像：背景和概观

罪犯画像是利用现有的、关于犯罪和犯罪现场的信息来制作未知犯罪嫌疑人的心理肖像（Muller，2000）。宽泛地说，这一过程基于对其犯罪行为的深入分析而推测出犯罪者的性格。其实，犯罪的各个方面，比如犯罪现场，都能够让我们有所领悟或给我们提供"心理信号"，即告诉我们犯罪者的行为、动机、人格和背景等有意义的信息（Farrington & Lambert，2007）。因此，一份罪犯画像可以说是心理理论和技术的整合，它能通过考查犯罪现场来推测罪犯的性格特点（Alison et al.，2007）。这种特别的形式在美国被广泛运用，这和坎特尔（Canter，2000）提出的"侦查心理学"不一样。罪犯画像的内容虽然多种多样，但通常包含以下几个方面（参见 Alison 等人，2007）：

- 行凶者的种族特征；
- 行凶者的性别；
- 年龄范围；
- 婚姻状况；
- 工作状况；
- 对警方询问的反应；

5 侦查心理学和犯罪画像

- 性成熟度；
- 再犯罪的可能性；
- 类似的前科；
- 之前的定罪。

根据犯罪现场作推测并不是一个新现象，它已经在犯罪小说中存在了 200 多年（Canter，2000）。我们可能都知道柯南·道尔的夏洛克·福尔摩斯和阿加莎·克里斯蒂的赫尔克里·波洛。这些人物能够根据犯罪现场作出有见地的推论，发现重要的线索并推测罪犯的性格。犯罪小说通常会描述一个绝顶聪明的人物，他可以发现其他人发现不了的东西。即使在几百年之后，这类犯罪小说依然很受欢迎，电视剧描绘的主角能够"了解连环杀手的想法"。在某些方面，这些剧本反映了警察的日常工作，也就是说，警察需要根据能得到的信息和证据作出判断和决策。

也许最早的犯罪心理画像是由一位名叫托马斯·邦德的精神病医生于 1880 年代完成的。邦德描绘了一名未知的连环杀手的人格特点，这名连环杀手就是后来闻名的"开膛手杰克"。作为一名法医，邦德发现了凶手在性方面的一些特征，对凶手的年龄作出推测，并通过受害者死前和死后的伤痕推断出他仇恨女性（Crighton，2010）。布鲁舍尔（James Brussel）提供了米特斯基（George Metesky）的画像，米特斯基制造了 1940～1956 年间纽约系列爆炸案。布鲁舍尔表明，这个人（后来被认定为米特斯基）

是一名熟练的机械工,来自康涅狄格州,是一个罗马天主教移民,有强烈的恋母情结,憎恨父亲。布鲁舍尔继续描述,这名罪犯体重较重,中年,与一位兄弟(或姐妹)同住,与电力公司有仇。他的著名推断是,被捕时他会穿着双排扣的西装,扣子一直扣到领子。警察找到米特斯基时,发现他之前曾在电力公司工作过,心怀不满,而当他被告知穿上衣服跟警察走的时候,他转身回去穿上了一件双排扣西装外套,扣子一直扣到领子。画像十分准确,唯一一点不一致是,他和两个兄弟(或姐妹)同住,而不是一个(Alison et al., 2007)。这些早期的例子为罪犯画像的未来铺平了道路,但是,罪犯画像到底是什么?它的证据基础是什么?

犯罪画像的类型

犯罪调查分析

从20世纪70年代开始,FBI行为科学组就开始利用犯罪人格画像来协助地方和联邦执法部门缩小调查范围(Douglas et al., 1986)。行为科学组现在更名为行为分析组(BAU),是国家暴力犯罪分析中心(NCAVC)的一部分。国家暴力犯罪分析中心针对不寻常的或重复的暴力犯罪以及执法部门和国家安全部门感兴趣的其他事件,向联邦、州和地方执法部门提供行为分析支持。犯罪画像已被用于各种场合下的各种罪犯身上,比如人质劫持犯、拐卖儿童者、杀人犯和强奸犯。犯罪调查分析(CIA)的合理之处在于,行为是人格的反映,通过考查行为,调查者也许能够确定何种人应对犯罪负责(Douglas et al., 1986)。既然国家暴力犯罪分析中心的犯罪画像方法一定程度上认为某个人的行为受其思维方式所主导,那么犯罪调查分析也属于认知行为的分析框架。换句话说,犯罪分析技术是一项基于对犯罪行为的分析来确定罪犯主要人格特征和行为特征的技术。

如上所述,犯罪现场分析或犯罪调查分析是依据犯罪现场来推测行为和人格,因此它能缩小嫌疑犯范围并对可能实施的逮捕提供了支持(Beauregard, 2010)。犯罪调查分析对罪犯进行了归类,最著名也是最有影响力的分类,就是"有组织的"和"无组织的"杀人犯(Crighton, 2010)。虽然这一方法一开始仅应用于谋杀案,但后来拓展到了强奸犯和纵火犯;而强奸则仅次于谋杀,在心理画像的应用上位居第二(Dowden et al., 2007;Crighton, 2010)。"有组织的"和"无组织的"犯罪行为模式假设,每种类型的罪犯在实施犯罪时都有自己独特的犯罪手法,两种类型的区别在于犯罪现场特征和罪犯的性格特点。表 5.1 和表 5.2 中的内容最早来自艾莉森等人(Alison et al., 2007, pp495-6),后经伯吉斯等人(Burgess et al., 1985)改编。

表 5.1　犯罪现场特征

有组织的	无组织的
有计划的犯罪	任意的犯罪
有控制的对话	极少有对话
现场反映出控制	现场随机且凌乱不堪
要求受害者顺从	对受害者发动突然的暴力袭击
使用拘禁	很少使用拘禁
侵犯行为发生在被害人死亡之前	死后对尸体进行性侵犯
尸体被藏匿	将尸体弃于可见范围内
武器/证据被藏匿	在现场能见到武器/证据
转移受害者	尸体留在现场

表 5.2　罪犯个人特征

有组织的	无组织的
高智商	低智商
社会适应度高	社会适应度低
性能力良好	缺乏性经验
与父亲同住	从事非技术工种
出生顺序靠前	出生顺序靠后
管教严厉	管教严厉/不一致
能够控制情绪	焦虑情绪
有魅力	犯罪时极少饮酒
情境因素引发	独居
居住地不断变换	在犯罪现场附近生活/工作

续表

有组织的	无组织的
变换工作	行为变化大
关注媒体	不关注媒体
典型的罪犯	个人卫生很差
硬汉形象	一般不约会
	高辍学率

犯罪画像还试图创造一种罪犯分类法对罪犯进行分类，并帮助调查。虽然大多数研究都聚焦于强奸犯和连环杀手，不过侦查心理学也可以用来对窃贼进行调查。萨尔特（Salter，2001）提出，强奸犯有好几种，有些是机会主义者，有些是出于冲动，还有人专门找陌生人，然而另一些人却只对他们认识的女性实施强奸。强奸犯的异质性使得研究者对这类罪犯进行了区分，这种分类已在很多罪犯画像中被使用。以下分类以奈特和布兰克（Knight & Prentky，1990）的分类为基础，由兰顿和马歇尔（Langton & Marshall，2001）加以细化（虽然不是唯一的）。

- 机会主义——罪犯无计划且冲动，为满足一时的性冲动。
- 狂暴型——这种罪犯是行为控制力差的一个范例。罪犯极度暴力和残忍，受害者的反抗行为很有可能激怒罪犯。
- 性饥渴型——性饥渴型可被分为两类：虐待型和非虐待型。虐待型强奸犯的性攻击行为表现为对受害者进行羞辱并对其施加身体伤害。非虐待型强奸犯的特点则是持有持续的性偏见，在犯罪过程中表现出性变态。

- 报复型——这种类型的强奸犯与狂暴型强奸犯有着同样的攻击性和强迫特征，但其愤怒却不是普遍性的存在，而是专门针对女性。在攻击行为中存在性因素，但不是最主要的，也就是说倒错幻想并不存在。（Langton & Marshall，2001，p505）

当然还存在其他种类的强奸犯，但研究一致发现，这些类型间的区别表现在武力的使用、动机、社会因素、受害者同情和性变态方面。例如，与连环杀人犯画像一致，存在两种"权力型"强奸犯：权力自信型和权力确认型。权力自信型强奸犯认为，男人应该支配女人，他在任何想要的时候都有权享有性。他会成为一个自私的个体，并且在实施犯罪时只考虑自己的快感（Carney，2004）。权力确认型强奸犯饱受性胜任力不足的痛苦，因此他们的犯罪行为主要是用来确认他们自己的男人气概和支配女人的能力。由于想要激发受害者对自己的渴求，所以这类罪犯在犯罪时会尽可能少使用武力。他会幻想受害者享受被侵犯并会自愿就范（Carney，2004）。不过可能有人认为，这只是自我开脱的一种形式，而并非不同罪犯之间的关键差异。

对于连环杀手，还有一些有影响力的分类被广泛应用于犯罪调查分析。霍尔姆斯和霍尔姆斯（Holmes & Holmes，1996）列出了五种类型的连环杀手——幻想型、使命型、欲望型、刺激型、权力/控制型，他们分别有各自独特的犯罪现场表现。这种分类对于FBI犯罪画像师的影响非常大。表5.3给出了不同类型的连环杀手、他们的组织力和犯罪手法。有些与前面的强奸犯画像有相似之处。

表 5.3 连环杀手的类型以及他们的组织力和犯罪现场表现

类型	有组织的/无组织的	作案手法
幻想型	无组织的	物品和衣服散落 武器留在受害者体内 随机取得武器 从犯罪现场可取得衣服线索 重击 精神病
使命型	无组织的	重击 火器的使用 作案武器丢失 割喉
欲望型	有组织的	多犯罪现场 多种性行为——包括性交和异物插入 肢解——阴道、腹部和胸部
刺激型	有组织的	折磨 藏尸 性行为发生在谋杀前 多犯罪现场 用绳带勒死受害者 咬痕 篡改证据

续表

类型	有组织的/无组织的	作案手法
权力/控制型	有组织的	多犯罪现场 拘禁和折磨 打击和刀割 斩首 焚尸 藏尸和部分尸体丢失

来源：引自 Holmes 和 Holmes（1996）及 Canter 等人（2004）。

"幻想型"杀手与其他类型杀手的不同之处在于，他们似乎与现实脱节。他们的暴力行为和杀戮与其幻听紧密联系，也许是幻听迫使他们杀人。他们的妄想和幻觉指引他们去杀害相似的个体。比方说，某个杀手只杀妓女，例如皮特·撒特克里（约克郡开膛手）声称，他在谋杀妓女时听到了某种声音（Webber，2010）。"使命型"连环杀手注重谋杀本身。他被迫实施谋杀行为，目的是除掉世界上的某种他认为不值得存在的人群（Canter & Wentink，2004）。"使命型"杀手不是精神病，这一点与"幻想型"杀手不同。"欲望型"连环杀手是为了满足性欲而杀戮，这是谋杀的重点，即使受害者已经死亡。他们会花费大量时间来计划谋杀，并从谋杀的过程中获得快乐（Canter & Wentink，2004）。"刺激型"连环杀手追求杀戮所带来的快乐和兴奋，一旦受害者死亡，他们就失去了兴趣。这种谋杀过程通常很漫长，伴有对受害者的折磨（Canter & Wentink，2004）。"权力/控制型"杀手也从犯罪行为中获得性快感，他们会追求对生命的控制和摧毁，但性满足并不是重点，其犯罪动机更多源于对另一个人的支配（Webber，2010）。

然而，有些批评指出这种分类都是描述性的，过于简单。坎特尔等人（2004）对长久以来将杀人犯统一划分为"有组织的杀手"和"无组织的杀手"两种类型的假设持批评态度，他们的研究发现，这两种类型所描述的特性会同时存在，这就是说，杀人犯同时具有这两种类型的特征。他们证实，所有的连环杀手可能都具有可辨认的组织能力（由于他们实施了相似的恶性犯罪）。坎特尔等人（2004）还对在犯罪现场大量使用犯罪画像手法提出了批评，他们赞成的是所谓的"侦查心理学"（本章稍后将详细叙述）。

> **案例分析**
>
> 　　下午3点，警察在某公寓楼顶发现一具年轻的裸体女尸，经鉴定死亡时间为早上6点30分。受害者是这栋公寓的居民，她在上班途中被害于此栋公寓中。受害者周身伤痕累累，遭受猛烈殴打。虽然颈部周围的痕迹表明行凶者一开始试图用手勒死受害者，但最终她是被自己手提包的带子所勒死。尸检发现该女子死于勒颈窒息。
>
> 　　在这具尸体上发现了多处死后伤（死亡后的伤害），包括大腿内侧的咬痕，断开的乳头（凶器很可能是一把削笔刀），

> 脸部和下巴多处骨断裂,阴道内插有异物。受害者头部被自己的内裤蒙住,身上写着"你们无法阻止我"。她平时会带一个十字架,但在犯罪现场却没发现,很有可能是凶手将其带走了。法医虽然未在阴道内发现精斑,却在受害者身上找到,这表明犯罪者在受害者身上有过自慰行为。受害者受到了挑衅和羞辱。

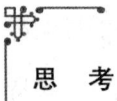

思 考

● 运用本章所涉及的内容,试着对以上案例分析中的罪犯进行画像。抽出本案最突出的方面,以此对罪犯进行描述。要考虑他们的工作状况、年龄、受教育程度、是否有组织力、行凶者的特征(杀手类型)、性成熟度和他们再次犯罪的可能性。

● 一旦你完成了罪犯的画像,请思考这个画像对警方工作有何作用。现在考虑一下这种画像的运用可能会引发的潜在问题。稍后我们将通过道格拉斯等人(Douglas et al.,1986)的画像来回顾这一点。

侦查心理学

侦查心理学包含了所有与犯罪行为和民事调查相关的心理学因素(Canter,2000,p1091)。坎特尔和扬斯(Canter & Youngs,

2004）提到，如果想要有效地促进警方调查，画像必须发展成一门科学。对于坎特尔（2010）来说，侦查心理学的基础是经实证研究而得到的可靠的心理学理论，而不是基于与犯罪现场调查有关的犯罪画像过程。侦查心理学可被分为三个方面：侦查信息的科学研究（信息提取、评估和使用）；根据犯罪活动而做出推论（基于可靠的经验原理）；警方的行动和决策（他们如何得到支持并改进）（见图 5.1）。比方说，侦查心理学对警方识别犯罪和犯罪分子的重要特征有很大帮助。可以通过犯罪地图来显示具体的犯罪位置，或提供犯罪活动的相对频率，从而得出合理的推测（Canter，2010）。

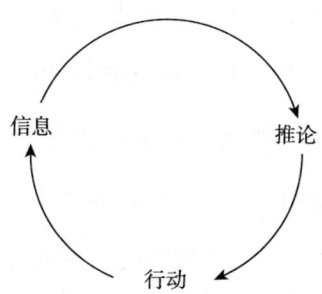

图 5.1 侦查心理学所涉的调查环

侦查心理学包含了所有与犯罪行为和民事调查相关的心理学因素，而它的焦点之一则是勘察和理解犯罪行为的方法，这是为了提高刑事侦查的水平。因此，其在侦查决策过程中显得很重要。所以，为了使警方对潜在犯罪者的推测有价值，必须考虑到警方实际可以做些什么。警方能够得到的可能是罪犯的住所，或下一个犯罪现场的位置等信息（Canter & Youngs，2004）。但是坎特尔和扬斯（2004）认为，对犯罪动机进行深层次的精神分析对于警察来说并不是特别重要。他们指出，警方在没有明确巴里·乔治为何要犯罪的情况下就逮捕了他并对其定罪，因为警察认为他对吉尔·丹多的死负有责任（鉴于乔治后来被判无罪释放，我们要认真思考这一论点的依据）。因此，坎特尔和扬斯（2004）强调，以大众更易理解的方式对犯罪动机进行解释并非基于证据，这对警方抓住罪犯没有太多帮助。只有当画像有助于侦察决策的制定时，画像才有价值。

人们对侦查心理学的批评与对犯罪调查分析的批评类似，因为它也是依赖于所获得的数据（例如，如果侦查心理学家得到的第二手资料不可信，那么他们据此做出的推断也不可信）。有些人甚至认为，侦查心理学并没有提供额外的信息，仅仅是提供了新的探索区域。然而，侦查心理学将心理学知识科学地运用于解决实际问题，它有利于刑事司法的发展（Muller，2000）。侦查心理学接下来要做的是，尽量不要对犯罪行为进行猜度和使用那些不科学的研究方法。

案例分析

本章前面曾要求你绘制一起案件的画像。道格拉斯等人（1986，p419）为此案提供了一个画像，看看你是否能找出其中的某些关键点。

道格拉斯等人（1986）的画像指出：

- 杀手应为白人男性，介于 25~30 岁，相貌平平且智商一般，并有可能在高中或大学期间辍学。
- 他也许没有工作，也许是蓝领阶层，并且可能没有从军经历。
- 鉴于犯罪时间，酒精和毒品可能不是引发犯罪的关键。
- 他对周围环境很熟悉，并且要有早晨 6 点 30 分在犯罪现场出现的理由——他可能住在这栋公寓里、在此工作或有业务往来。
- 他可能更情愿让受害者保持清醒，但最终却不得不使其失去意识，因为他不想被发现。
- 他可能没有性经验，性无能，从未结婚。
- 他应该有收藏色情电影的癖好，并有虐待倾向。
- 性行为表现出有控制的攻击，但对女性充满愤怒或仇恨。
- 凶手的性施暴和对尸体的虐待显示出无组织性。
- 他可能是一个十分困惑的人，也许曾经有过精神问题。
- 犯罪现场揭示出该凶手认为自己的行为是正义的，并毫无悔恨之意。
- 他将尸体摆放成他想要的样子。
- 尸体上的信息暗示他可能会再次实施谋杀。

思 考

● 你觉得这个画像如何？是否与你绘制的画像相符？你觉得它是模糊的还是具体的？

● 现在你已经阅读了侦查心理学和犯罪画像的相关内容，你会如何将两者进行对比？你更偏向于哪一个？为什么？

地理画像

侦查心理学与地理画像联系紧密，且受其影响。两者都致力于从犯罪现场的位置确认罪犯可能的住所（Bull et al.，2006）。然而，对于警务工作或犯罪学而言，犯罪环境和空间位置的思考并不是新鲜事。"芝加哥学派"的早期理论聚焦于城市的内部空间和社会结构（Ashby & Craglia，2007）。例如，伯吉斯的同心圆理论就认为犯罪地大多位于市中心区域，越是远离市中心，犯罪行为越分散、越少。

地理画像领域内的一个主要理论是"距离衰减"原理，该原理假设，如果某人想要某样东西，他走的距离只是为了取得该物。因此，如果罪犯要对两个受害人进行侵犯，他更有可能选择距离自己较近的一个（Bull et al.，2006）。

"合理选择"和"日常活动"这两个犯罪学理论在地理画像中同样十分重要。根据合理选择的观点，罪犯的决策过程和选择实施犯罪是因为犯罪被视为能最有效地满足其欲望的方法，比方说性快感（Beauregard & LeClerc，2007）。但是，犯罪者的决定很少基于一个单一的因素，经常会视情境信号而定，例如，受害者可能单独在公园里（实施犯罪的理想地点），但是如果受害者与路人在交谈，这意味着罪犯不得不再次评估情境或者放弃犯罪行为。因此，波尔格和雷克勒（Beauregard & LeClerc，2007）认为性犯罪是基于"有预谋的机会主义"（犯罪方案屈服于情境线索，后者触发了犯罪）。

这个观点和日常活动理论有关，该理论的基础是几个因素的相互关系，如有动机的犯罪者（如强奸犯和窃贼）、有效保护的缺失（如没有监控录像，周围没人，受害者独自在公园里等）和合适目标（如受害者类型，空房子等）。科恩和菲尔森（Cohen & Felson，1979）提出，犯罪行为发生于三种条件都满足的时候，比如，有一个有动机的犯罪者、有效保护缺失、这时又出现了一个合适的目标。

坎特尔和拉金（Canter & Larkin，1993）的"圆周理论"表明，如果你能确定系列犯罪中地理位置相距最远的两起犯罪，以这两个犯罪地点的连线为直径画一个圆，强奸犯的住所就会在这个圆中，且很有可能就在中间。坎特尔和拉金（1993）在其研究中发现，大多数罪犯都将犯罪地点选在这个圆形区域中。然而，这一观点却很少有验证性后续工作，且罪犯的犯罪行为很可能会因犯罪类型和个人动机而变。

地理画像在警务工作中越来越流行且很有用。人们越来越多地使用地理信息系统（GIS）和犯罪地图，这就使犯罪地点的信息可以被系统地分析，从而可以更有效地分配警力资源。地理画像通过帮助警察确认目标环境，从而为以情报为主导的警务工作和整体警力战略做出贡献。地理画像可用来评估行动是否有效，同时还允许对不同时间点的具体犯罪率作出比较（Ashby & Craglia，2007）。警方向公众发布了大量关于犯罪地图和犯罪多发地点的信息，这个方法能够很好地告诉公众犯罪会发生在什么地方（这样公众也可以成为编外的治安维护者），同时也能显示出警方如何有效（或无效）地解决问题。

思 考

访问www.police.uk*，并调查你所在地区中各种犯罪的地理位置统计，然后思考这种信息的获取对公众和警方而言有何利弊。

犯罪画像：证据基础

现在我们已经更好地了解了不同类型的犯罪画像、警方探员如何利用犯罪画像以及特定罪犯群有哪些不同种类。然而，对于警方探员来说，犯罪画像的有用性和可靠性如何呢？斯努克等人（Snook et al.，2007）通过一项元分析来探究已发表的关于心理画像的文章中采用的是常识性的原理（例如直觉，比如"就是这么一回事"），还是基于实证（科学的可验证性）的原理。换言之，即其是否有一个可靠的基础。那些未经科学原理推演的常识性原理大量涌现，这种现象使人们担忧其中很可能会出现错误。他们还发现，在美国（犯罪现场分析被更多地用到），大部分研究是基于常识性原理而非实证原理。这导致斯努克等人（2007）提出，现阶段，对于犯罪侦查来说技术是多余的。事实上，关于专业画像人员是否比非画像人员略胜一筹，并没有统一的结论；尽管专业人员可能会略微准确些。斯努克等人（2008）称，没有确凿的科学依据来支撑公众对犯罪画像的正面看法。犯罪画像的确距离尖端科学还有很大的距离，其分类学基础也缺乏实证依据，且通常基于关于人类行为的陈旧理解。

还要注意的是，犯罪画像可能会对警方侦查有潜在的误导，画像的模糊性可能导致某些过度理解。确实，临床和人格心理学研究一直以来都证实，人们更倾向于把那些关于其本身和人格的模糊的、概括性的陈述当作准确的描述（Snook et al., 2008）。这种现象有时被称为"福瑞尔效应"或"巴纳姆效应"。福瑞尔（Forer, 1949）在其研究中进行了一项实验，实验中他告诉学生，他们将会参加一项人格测试评估（而实际上他们拿到的是一份模糊陈述），然后要求学生为这项测试的准确度打分。这项测试中包含了一些诸如"你十分希望别人喜欢并仰慕你""你尚有很大的发展潜力""外表看上去虽然能克制、自律，但内心却充满忧虑和不安全感"。福瑞尔（1949）发现，人格测试具有极高的个人效度，简而言之，人们相信它。在先前我们所见到的一些画像中，我们可以找到同样的模糊陈述，比方说，"他也许没有工作，也许是蓝领阶层""智商一般……他可能是一个十分困惑的人，也许曾经有过精神问题""他可能住在这栋公寓里、在此工作或有业务往来"。这些陈述的关键之处在于，我们可以加上"或者不是这样"的短语。例如，"他可能住在这栋公寓里……或者不是这样"。这样的陈述模棱两可，可归于很多人，其特点符合大多数25~30岁的罪犯，如高中辍学或失业等。这些陈述相对来说不是很重要，很有可能对缩小嫌疑犯范围不会有帮助。有趣的是，在犯罪画像中还有"福瑞尔效应"的证据。

艾莉森等人（2003）研究了警察在多大程度上会将模糊陈述视为对案件中罪犯的准确描述。这项研究包含了两组警察，每组都收到了相同的犯罪细节和伪造的犯罪画像，但其中一组拿到的是真实的罪犯特征，而另一组拿到的是捏造的罪犯特征（他的特征与另一罪犯形成对比）。结果发现，两组警察都评价画像在一定程度上是准确的。有意思的是，A组（真罪犯）中40%的警察认为画像基本上是非常准确的，而B组中50%的警察认为非常准确。这一结果表明，警察会将模糊陈述当作准确画像来接受（也就是说会过度理解，以使画像与犯罪者匹配），这样任何画像都可用来描述一个罪犯。有种担忧认为，这可能会误导警方的侦查，并且认为它与侦查心理学中的犯罪现场分析不科学这种批评相关联。

但是，在讨论犯罪画像对犯罪侦查是否有用时，我们需要征询警方和刑事探员们的意见。考普森（Copson，1995）在他的研究中发现，82.6%的警察认为犯罪画像在实质上起到了作用，90%的警察说他们会在以后的工作中用到犯罪画像。特拉格和布鲁斯特（Trager & Brewster，2001）也发现，警方探员相信犯罪画像是有用的，尤其在对嫌犯的审问和犯罪调查的引导上，但是对于确认嫌犯却是不必要的。此外，托雷斯等人（Torres et al.，2006）研究了法庭心理专家和精神病专家对犯罪画像的看法，他们发现25%的人认为心理画像不可靠，而86%的受访者认为画像对于执法是有用的，且支持对其的进一步研究。很明显，实际使用的人确实找到了传统犯罪画像的优点并相信它是有用的。

那么侦查心理学又如何呢？尽管侦查心理学提出了与警方侦查有关的犯罪行为的可验证性假设，但其依然缺乏实证支撑，也很少有研究来测试其效用。与犯罪调查分析不同，侦查心理学基于可验证性理论，比如连环杀手的空间格局、犯罪循环理论以及罪犯所处的情境和环境因素。侦查心理学方法的研究对画像有一些明显的影响，因为它可以提出对策，缩小潜在嫌疑犯的范围（Muller，2000），并预测他们可能的居住地。这种范式批判了美国犯罪画像和一些想当然的假设，以及一些侦查心理学家所主张的、作为基础的常识性原理。还有人指出，画像师在某些事情上会犯基本归因错误，换言之，他们在解释行为时过于聚焦性格线索，而不注意情境和环境因素的作用。在对行为作出预测时，情境因素和人格因素是一样重要的（Snook et al., 2008）。很明显，虽然侦查心理学是基于实证性试验并且给出可验证性假设来支撑其论点，但无论是犯罪现场分析或犯罪调查分析还是侦查心理学，更多的侦查和评估是必需的（Muller, 2000）。

警务实践和实际问题

正如前面所强调的，在罪犯画像的证据和具体方法方面（如犯罪调查分析和侦查心理学）存在一些现实问题。另外，还存在更深层次的实际问题，这些问题会阻碍警方得出一个准确的罪犯画像。大多数画像师（在美国和英国）没有当过警察，缺乏刑事侦查的一手经验。多数人没有到过犯罪现场，由于多数画像师是基于二手资料对潜在罪犯作出推断，因此很多技术来源于二手资料（White, 2010）。要记住，罪犯画像应该是警方侦查探员的一种工具，而不是最后的手段。虽然画像仍然被警方和诸如 FBI 等机构使用，但还是缺乏数据和公开的图表详述其准确性（这应该成为评价画像的标准）（Muller, 2000）。虽然有人声称罪犯画像的准确度高达 75%～80%（参见 Ressler & Shachtman, 1992；White, 2010），但鲜有证据来支撑这一说法。然而，就算这种说法得到证实，75% 的准确性对于法庭审判来说也是不够的。从这一点我们可以清晰地看到画像和画像使用产生的影响。如果一个画像是错误的，即使是轻微的误差，警方也有可能被误导，这就会导致罪犯长期不归案，也增加了无辜的人受到指控（以及可能的定罪）的概率。确实有过这样的案例，由于画像的原因，无辜的人被定罪，而后来经过上诉又发现他是无辜的。蒂莫西·马斯特斯（Timothy Masters）的案例对于那些依赖画像的人来说是一个警告。

> **案例分析**
>
> 收拾残局：罪犯画像潜在的误用
>
> 蒂莫西·马斯特斯由于谋杀佩姬和对其性虐待而被定罪。他被判终身监禁不得假释。法庭仅依据一位德高望重的法庭心理学家（从未与蒂莫西·马斯特斯见面或交谈过）的画像和他的证言便将其定罪。九年后，蒂莫西·马斯特斯上诉成功，被无罪释放，因为DNA检测证明，他没有犯罪。

思 考

- 使用罪犯画像的潜在陷阱是什么？
- 在此案中，为了得到更加准确的画像，警察应该做些什么？

另一个实际问题是，罪犯画像是否在罪犯中假设了过多的相似性，也就是说，如果某个特定的罪犯与另一个罪犯的作案手法相同，那么他就会做出与另一个罪犯相似的行为。这一点与早先对特定罪犯类型的区分有关，如其行动是有组织的或无组织的。此外，罪犯画像惯用的方法是通过罪犯的犯罪现场表现来假设他们的性格特征具有同源性（Mokros & Alison，2002）。马克鲁斯和艾莉森（Mokros & Alison，2002）研究了一组被定罪的强奸犯（n = 100），他们在这组罪犯的犯罪现场表现和性格特征中没有发现同源性的证据。这个结果对画像产生了严重的冲击，因为其包含了主要的特征，如社会经济地位、年龄、婚姻状况及行动是有组织的或无组织的（White，2010）。在美国，FBI使用罪犯画像在某种程度上是基于行为反映人格的假设（如犯罪现场反映了思维倾向和人格）：犯罪现场反映了凶手的行为和人格，就像家具能够揭示屋主的性格一样（Douglas et al.，1992，p21）。思考一下，你的家（家具和陈设等）反映了你的人格吗？如果有人根据你家来假设你的思维倾向，你认为有道理吗？可能答案是肯定的。但也有可能，你租了带有全套家具的房子或者你没钱来按照自己的想法布置家居，也或许你正处于过渡期，所以你的房子看上去可能比平时乱。虽然有发现表明，在确定罪犯方面，画像师比非画像师表现得要好一些（see. e. g.，Pinizzotto & Finkel，1990）（虽然有些研究发现两者之间没有显著差别），但是通过犯罪现场行为来推测人格，似乎有着某些固有的问题。

5 侦查心理学和犯罪画像

本章小结

本章的目的在于向公众揭开犯罪画像的神秘面纱——"去好莱坞化",并以此来指出犯罪画像存在的不足,且针对警方探员介绍了一些潜在陷阱。然而,如果能对顾客满意度起到一定的作用,犯罪画像就是有用的。警方似乎认为,犯罪画像在侦查阶段是有用的,但其作用依然有限,且不足以依赖。的确,犯罪现场分析缺乏实证支持,也有观点认为它存在误导侦查的可能性,并且它是基于常识性原理的。本章也详述和讨论了侦查心理学,并着重提到它在涉及刑事侦查过程的各个方面采取了一种严谨的科学方法。即便有实证作为基础,但还是鲜有证据证明侦查心理学比犯罪现场分析或犯罪调查分析更好,或者说它比犯罪现场分析或犯罪调查分析更有用。虽然侦查心理学是提高警务工作的一种途径,但是还需要更多研究来考察其功能和效用。

FURTHER READING

Canter, D (2000) Investigative Psychology, in Siegel, JA, Saukko, PJ and Knupfer, GC (eds.) *Encyclopedia of Forensic Sciences*, vol. 3. New York: Academic Press.

Canter, D (2010) Investigative Psychology, in Brown, JM and Campbell, EA (eds) *The Cambridge Handbook of Forensic Psychology*. Cambridge: Cambridge University Press.

Trager, J and Brewster, J (2001) The Effectiveness of Psychological Profiles. *Journal of Police and Criminal Psychology*, 16 (1): 20 – 8.

REFERENCES

Alison, L and Barrett, E (2004) The Interpretation and Utilisation of Offender Profiles: A critical review of 'traditional' approaches to profiling, in Adler, JR (ed.) *Forensic Psychology: Concepts, debates and practice*. Cullompton: Willan.

Alison, L, Smith, M and Morgan, K (2003) Interpreting the accuracy of offender profiles. *Psychology, Crime & Law*, 9: 185 – 95.

Alison, L, McLean, C and Almond, L (2007) Profiling Suspects, in Newburn, T, Williamson, T and Wright, A (eds) *Handbook of Criminal Investigation*. Cullompton: Willan.

Ashby, D and Craglia, M (2007) Profiling Places: Geodemographics and GIS, in Newburn, T, Williamson, T and Wright, A (2007) *Handbook of Criminal Investigation*. Cullompton: Willan.

Beauregard, E (2010) Rape and Sexual Assault in Investigative Psychology: The contribution of sex offenders research to offender profiling. *Journal of Investigative Psychology and Offender Profiling*, 7 (1): 1 – 13.

Beauregard, E and LeClerc, B (2007) An Application of the Rational Choice Approach to the Offending Process of Sex Offenders: A closer look at the decision –

making. *Sexual Abuse: A Journal of Research and Treatment*, 19 (2): 115 –33.

Bull, R, Cooke, C, Hatcher, R, Woodham, J, Bilby, C and Grant, T (2006) *Criminal Psychology: A beginners guide*. London: Oneworld Publications.

Burgess, J, Douglas, J and Ressler, R (1985) Classifying Sexual Homicide Crime Scenes. *FBI Law Enforcement Bulletin*, 54: 12 – 17.

Canter, D (2000) Investigative Psychology, in Siegel, JA, Saukko, PJ and Knupfer, GC (eds) *Encyclopedia of Forensic Sciences*, vol. 3. New York: Academic Press.

Canter, D (2010) Investigative Psychology, in Brown, JM and Campbell, EA (eds) *The Cambridge Handbook of Forensic Psychology*. Cambridge: Cambridge University Press.

Canter, D and Larkin, P (1993) The Environmental Range of Serial Rapists. *Journal of Environmental Psychology*, 13: 63 – 69.

Canter, D and Wentink, N (2004) An Empirical Test of Holmes and Holmes's Serial Murder Typology. *Criminal Justice and Behavior*, 20: 1 – 26.

Canter, D and Youngs, D (2004) Beyond Offender Profiling: The need for an investigative psychology, in Bull, R and Carson, D (eds) *Handbook of Psychology in Legal Contexts*, 2nd edition. Chichester:
John Wiley and Sons.

Canter, DV, Alison, LJ, Alison, E and Wentick, N (2004) The Organised/Disorganised Typology of Serial Murder: Myth or model? *Psychology, Public Policy, and Law*, 10 (3): 293 – 320.

Carney, TP (2004) *Practical Investigation of Sex Crimes: A strategic and operational approach*. Boca Raton, FL: CRC Press.

Cohen, LE and Felson, M (1979) Social Change and Crime Rate Trends: A routine activity approach. *American Sociological Review*, 44: 588 – 608.

Copson, G (1995) Coals to Newcastle? Part 1: *A study of offender profiling*. London: Home Office, Police Research Group.

Crighton, D (2010) Offender Profiling, in Towl, GJ and Crighton, DA (eds) *Fo-

rensic Psychology Chichester: BPS Blackwell.

Douglas, JE, Ressler, RK, Burgess, AW and Hartman, CR (1986) Criminal Profiling from Crime Scene Analysis. *Behavioral Sciences and the Law*, 4, 401 – 21.

Douglas, JE, Burgess, AW, Burgess, AG and Ressler, RK (1992) *Crime Classification Manual: A standard system for investigating and classifying violent crime.* New York: Simon and Schuster.

Dowden, C, Bennell, C and Bloomfield, S (2007) Advances in Offender Profiling: A systematic review of the profiling literatures published over the past 30 years. *Journal of Police and Criminal Psychology*, 22: 44 – 56.

Farrington, DP and Lambert, S (2007) Predicting Offender Profiles from Offense and Victim Characteristics. *Criminal Profiling*, 2: 135 – 67.

Forer, 8 (1949) The Fallacy of Personal Validation: A classroom demonstration of gullibility. *Journal of Abnormal and Social Psychology*, 44: 118 – 23.

Holmes, RM and Holmes, S (1996) *Profiling Violent Crimes: An investigative tool.* Thousand Oaks, CA: Sage.

Knight, RA and Prentky, RA (1990) Classifying Sexual Offenders: The development and corroboration of taxonomic models, in Marshall, WL, Laws, DR and Barbaree, HE (eds) *Handbook of Sexual Assault: Issues, theories, and treatment of the offender.* New York: Plenum.

Langton, CM and Marshall, WL. (2001) Cognition in Rapists: Theoretical patterns by typological breakdown. *Aggression and Violent Behaviour*, 6: 499 – 518.

Mokros, A and Alison, L (2002) Is Offender Profiling Possible? Testing the predicted homology of crime scene actions and background characteristics in a sample of rapists. *Legal and Criminological Psychology*, 7: 25 – 43.

Muller, DA (2000) Criminal Profiling: Real science or just wishful thinking? *Homicide Studies*, 4: 234 – 64.

Pinizzotto, AJ and Finkel, NJ (1990) Criminal Personality Profiling: An outcome and process study. *Law and Human Behavior*, 14: 215 – 33.

Ressler, RK and Shachtman, T (1992) *Whoever Fights Monsters*. New York: Pocket Books.

Salter, A (2001) *Predators, Paedophiles, Rapists and Other Sex Offenders*. New York: Basic Books.

Snook, B, Eastwood, J, Gendreau, P, Goggin, C and Cullen, RM (2007) Taking Stock of Criminal Profiling: A narrative review and meta – analysis. *Criminal Justice and Behavior*, 34: 437 – 53.

Snook, B, Cullen, RM, Bennell, C, Taylor, PJ and Gendreau, P (2008) The Criminal Profiling Illusion: What's behind the smoke and mirrors? *Criminal Justice and Behavior*, 35 (10): 1257 – 1276.

Torres, AN, Boccaccini, MT and Miller, HA (2006) Perceptions of the Validity and Utility of Criminal Profiling among Forensic Psychologists and Psychiatrists. *Professional Psychology: Research and Practice*, 37: 51 – 8.

Trager, J and Brewster, J (2001) The Effectiveness of Psychological Profiles. *Journal of Police and Criminal Psychology*, 16 (1): 20 – 8.

Webber, C (2010) *Psychology and Crime*. London: Sage.

White, JH (2010) Using Criminal Investigative Analysis, paper presented at the American College of Forensic Psychology 26th Annual Symposium, San Francisco, CA.

USEFUL WEBSITES

www. fbi. gov/about – us/cirg/investigations – and – operations – support/investigations – operdtions – support – FBI information on their National Center for Analysis of Violent Crime (NCAVC) and its Behavioural

www. ia – ip. org – International Academy for Investigative Psychology

www. i – psy. com – Centre for Investigative PsychologyAnalysis Units

6 受害者和受害的心理后果

⇒ 本章目标 ⇐

在完成本章的学习后，你应该能做到以下几点：

- 了解不同类型受害者及侵犯对他们的影响程度；
- 鉴别受害的心理后果；
- 认识到有效的警方工作对受害者的满意度、警方信心和初步恢复的影响。

⇒ 与标准的关联 ⇐

本章内容可能与国家职业标准（NOS，2008）中关于警务与执法部门所需司法技能的规定有所关联。

BE2（CJC02）向受害者、幸存者和目击者提供潜在帮助，对他们的需求进行评估以便进一步提供帮助。

AE1　　　保持与提升你的知识和能力。

随着资格与学分框架（QCF）的推行，"国家职业标准"这一说法也许会发生一些改变。在本书撰写时，新提法还没有确定，有些组织会用到"资格与学分评估单元"这一提法。

每一章的开头都会提到该章内容与国家职业标准的关联性。但是，要注意的是，这些只是在本书撰写时的情况，具体情况请参阅司法技能网站：www.skillforjustice – nosfinder.com*.

引 言

本书已重点介绍过,在与受害者打交道的过程中警方扮演了重要的角色。本章的目的在于拓展这方面的内容,考察更多关于受害的问题,例如受害的后果,以及有效的警务工作如何帮助受害者恢复。必须要重申的是,受害者在刑事司法过程中是关键角色,另外,"顾客满意度"越来越成为警方工作的一个重要方面。受害者不再仅仅作为目击者供警方来榨取信息,而是服务对象,这戏剧化地扭转了受害者—警察关系中的权力平衡。有人甚至提出,近期的政策变动已经将刑事司法系统的目标调整为援助受害者(Davies,2004)。无论如何,毫无疑问的是,警察之所以存在是因为有犯罪受害者的存在(Davies,2004,p103)。警方需要受害者报告犯罪情况,以便能够实施抓捕并重建社会公正。

定义受害者

思 考

在阅读我们如何定义受害者之前,思考以下三个问题。

- 你如何定义受害者?
- 当你想到受害者时,你的脑海中会出现一幅怎样的画面?

6 受害者和受害的心理后果

- 为什么我们要关心和帮助受害者？

那么，我们如何定义受害者呢？受害者会有不同的类型吗？斯佩莱克提到了四种不同的定义。

1. 在事件中或某种情形下受伤或死亡的人。
2. 在追逐某物或处于激情快感时被伤害或毁灭的人或物。
3. 牺牲者；被愚弄的人。
4. 献祭给某种神明或宗教仪式的有生命的物体。

(2006，p6)

每种定义都有其对"受害者"的诠释。第一种定义可能是最普遍的。受害者是无辜的，伤害超出了他们的控制。第二种定义开始责备受害者，他们是自主追求某种东西的受害者。第三种受害者是被掠夺者猎杀的对象（如一个准备好受到性侵犯的儿童）或被骗的人（如一个上了年纪的人被一个自信的骗子所欺骗）。最后一种定义有着更加宽泛的含义，从"受害者"这个词的词源可以追溯到牺牲者、献祭者。这种定义也暗示了受害者是无助的、被动的。但是，那些在更具"批判性"的受害者研究中，具有影响力的女权主义者却反对这种对受害者的被动定义：

并不是每个遭受迫害的人都愿意认为自己是受害者或被称为受害者。女权主义者……出于种种理由，更愿意使用"幸存者"这种说法：1）使用幸存者这一说法可以明确表达强奸的严重性，通常如受到威胁生命的攻击一样；2）公众的看法受专业术语的影响，"受害者"这个词有一种被动的概念，甚至是无助……用

"受害者"来形容女性会削弱她们的权力。

(伦敦强奸危机中心，1984，piv)

在受害者研究中，关于受害者有三种主要的定义：直接、间接和二次受害者。直接受害者是那些受到违法行为侵害的人（Dignan，2005）。简而言之，他们是清晰可辨的受害者，警方更加关注这种类型的受害者。关于直接受害的普遍性有大量的数据，主要来源于官方统计（如警方记录）和非官方统计（如不列颠犯罪调查）。这些数据来源各有其优点和缺点，这个问题我们将在下一节中展开论述。

间接受害者包括受到犯罪影响的目击者和直接受害者的近亲或密友（Goodey，2005）。保罗·洛克（Paul Rock，2008）将其称为"连锁反应"，因为涉及很多不同的个体。二次受害指的是在刑事司法过程中对受害事件的（也许是不经意的）再次体验。本章中我们将讨论，警察应如何采取积极有效的方式与受害者沟通，以将二次受害降低到最小。

最后一种定义是"理想的"受害者。这种受害者的形象一成不变，通常出现在童话中，是概念化的受害者。理想受害者天真、脆弱，在去干某件事的路上被某个陌生的坏人当做猎物（就像小红帽一样）（Christie，1986；Walklate，2007）。但是，这种受害者的刻板印象深入人心，因此在处理特定受害者时会导致偏见的产生。这种刻板印象会导致人们（尤其那些有权力的人）将特定的个体标注为"活该的"受害者，这意味着将其他人标注成

6 受害者和受害的心理后果

"不活该"。警方对于这样的刻板印象要尤为注意,因为受害者已转变为某项服务的"顾客",所以他们会对自己将得到什么样的对待以及警方如何回应自己有所期待。非常重要的是,警察一定要意识到,他们是拥有权力的人,随意给受害者贴上"活该"或"不活该"的标签会引起一定后果。

受害的普遍性

为了了解受害带来的心理后果和影响,我们需要研究受害的普遍性和风险。如之前所提到的,我们有两个主要的数据来源:官方和非官方。自1957年开始,警方就有了官方犯罪记录,他们的数据形成了一个反映公众满意度和警察工作负担的晴雨表。警察只记录了须申报的犯罪,也就是那些需要报告给英国内政部的犯罪(如失窃、偷盗、暴力、毒品、刑事破坏等)。2009~2010年,警察记录了约430万起犯罪案件,比上一年度下降了8%。虽然财产犯罪占最大部分,但是针对财产的犯罪却没有增加。鉴于英国当时经济不景气,我们原本以为会有增加。

但是警方的统计有很大的局限性,他们仅记录了报告给警方的犯罪,而证据表明,大多数犯罪是没有被报告的——这被称为犯罪的"黑色数字"。官方统计也仅包括了须申报的犯罪,不包括轻微违纪事件,以及被"非内政部警察力量"所记录的违法行为,后者包括英国交通警察和国防部警察的记录(Newburn,

2007）。按内政部的统计规则来看，这意味着某些犯罪没有被记录在案，而有些警察从事"戴手铐"等实践工作，但有些犯罪却被记录成"非犯罪"。还需要注意的是，警务实践的变化（如警方目标）意味着有些行为升级为犯罪，有些犯罪则降级为违纪行为（Newburn，2007）。

从2001年开始，英国犯罪调查（BCS）开始每年进行一次，这使得对犯罪的估计更加准确（Jupp，2006）。英国犯罪调查基于一个40000人的样本，他们分散于各个警区，其记录与警方记录有很大的不同，且比"官方"统计有更多优点。英国犯罪调查会问到人们在过去12个月中的犯罪经历，也询问受访者对犯罪的恐惧和看法，以及犯罪对受害者的打击。其优势在于，受访者自主报告其犯罪的经历，这样警方就能够掌握到很多受访者先前没有报告给警察的犯罪行为。它依据的是受害者本人的解释，而不是警方的解释。英国犯罪调查对于未报告犯罪和已报告犯罪之间的差异进行了评估，并给出了一份更准确的犯罪快照（Newburn，2007）。这个差异绝不是无足轻重的。在2008~2009年，相比正式报告给警察的470万起犯罪，英国犯罪调查估计真正的犯罪会达1070万起。

然而，英国犯罪调查也有一系列的局限性。贾普（Jupp，2006）提出，英国犯罪调查在掌握家庭暴力案件或强奸案时可能显得不够敏感。而且这项调查也未包含某些犯罪和某些人，例如，未包括16岁以下人群（虽然在另一项调查中有所涉及)、机构中的人群、无家可归的人群和难于接近的人群,未包括所谓的"无受害者犯罪",例如持有毒品和吸毒,未到法定年龄的性行为和欺诈(以及法人犯罪),也未包括商业或工业受害(Newburn,2007)。真实犯罪和犯罪记录之间的差异是十分显著的,但是为什么有人不愿报案呢?

为什么有些人不愿意报案

当然,人们不愿报案的理由有很多,例如,他们可能认为不值一提,也有可能是他们害怕带来不良影响,也许他们不愿面对出庭,或者说他们自己也卷入了犯罪行为。然而,人们是否愿意报案以及是否对警方提供的服务感到满意取决于处理案件的警察。关于这一点,在性犯罪和家庭暴力等严重涉及人与人之间关系的犯罪中很好理解,而在其他犯罪中也成立。有一项调查打算研究盗窃受害者对警方所提供服务的满意度,结果发现,满意度很大程度上取决于受害者在现场接触的第一位警察的态度,以及受害者在后续调查中是否一直拥有知情权(Coupe & Griffiths,1999)。这和本书前几章中所述内容有一定联系,一旦我们对某人(或某个群体)形成了一种印象,就很难再改变了。警察的举止及其与受害者的交流对受害者满意度而言是极其重要的。的确,研究显示,警方与受害者之间缺乏交流会严重影响受害者的满意度(Skogan,2005)。

受害者满意度的主要决定因素是礼貌、人性、公平和专注（倾听受害者所说的并愿意解释正在发生什么）。现在，我们可能会说"那又怎么样，谁关心啊，为什么我们应该被受害者满意度所困扰？"刑事司法系统（CJS）正变得越来越以受害者为中心，所以"顾客"满意度也就变得越来越重要。但是，与这个程序化的原因相比，更重要的是，以一种尊重的方式对待受害者可以使警方的工作更有效。有研究发现，当以一种尊重和公平的态度对待公众时，公众更愿意顺从警方的要求并遵守法律。与警方打交道的正面经历会影响人们，提升其作为目击者并指证犯人和报案的意愿（Skogan，2005）。所以，尽管警察不一定会为受害者带来一个好的结果，但却有可能表现出一种使人们感到公平的方式（Tyler，2004，p89），警察的表现将会决定人们对警方的看法。

思 考

● 拿出一张纸一分为二，一半写下人们报案的原因，而另一半写下人们不愿报案的原因。

● 为了提高犯罪报案率，警察可以做些什么或注意哪些方面？

强奸和家庭暴力之类严重且充满侵犯意味的犯罪不被报告的可能性有所增加。这类案件涉及更多脆弱的受害者，他们受到的

6 受害者和受害的心理后果

创伤更大，更容易有情绪问题，且极有可能是被认识且/或信任的人所伤害。因此，此类犯罪的受害者更倾向于责怪自己，以至于他们不会报警或起诉。他们不报警的主要原因之一是自我责怪，感到自己对自己的受害负有责任；另一个原因是他们认为警方不会管，犯罪发生时如果他们喝了酒，或他们认为自己的行为导致了被性侵时尤其如此（Fisher et al.，2003）。遗憾的是，研究显示刑事司法系统也会对此类受害者进行责备。例如，芬奇和蒙诺（2005）发现，陪审团在商讨决定时会考虑很多法外因素，包括关于醉酒、性侵和吸毒后被奸的刻板认识。研究还发现，法庭对受害者的定罪和谴责达到了一个令人惊讶的水平，所以此类犯罪的受害者很少报警也就不足为怪了。

强奸案漏报是一个严重的问题，这会蒙蔽一个巨大的社会问题。全美刑事案件受害者调查得出的结果一致表明，强奸和性侵案是漏报最严重的案件，只有28.3%的案件被报告给警察（Fisher et al.，2003）。在英国，内政部数据显示，在2008~2009年间，共有12165名女性（含所有年龄段）报告受到强奸（内政部，2009）。但是，这仅仅是一部分而已，我们还需要考虑那些"非官方"统计。大赦国际提到，在英国每天有167名女性遭到强奸；英国犯罪调查（2001）报告显示，二十分之一（年龄从16~59岁）的英国和威尔士女性都曾是强奸的受害者。这些令人不安的数字远远超过了官方统计（Blagden et al.，2011）。费舍尔（Fisher，2003）等人对性暴力报案进行了研究，他们发现只有很少一部分人（2.8%）会将自己的受害遭遇报告给警方，而大多数人（79%）会将自己的遭遇透露给警方之外的其他人（通常是朋友或家人）。

一个主要的问题是受害者不愿向警方报告自己被强奸。其中首要原因在于他们认为警方不会认真对待，或者懒得去调查，或害怕受到责备（Westmarland，2004）。因此，澄清污名和看到案件的复杂性就显得尤为重要，例如，一个女人在深夜与一个男人在私人住所中喝酒，警察就很难确定她到底是自愿还是非自愿（Fisher et. al.，2003）。在处理这样一个案件时，警察应该尽可能提供引导和帮助，这一点非常重要。

还有一种类似的模式，家庭/亲密伴侣间暴力的受害者不报警，其理由很相似，他们也会认为这种暴力是正常的、难以启齿的、令人尴尬的，并对后果有所担心。虽然这种犯罪的报警率很低，但调查发现大多数人（77%）会告诉其他人（这和强奸受害者的情况相似）（Fanslow & Robinson，2010）。警方的态度对家庭/伴侣之间暴力事件的报案而言也是至关重要的。加西亚（Gracia et al.，2011）等人发现，警方态度与两种不同的心理社会画像相一致。一种被描述为"有条件的执法"（有赖于受害者的报案意愿），另一种则是"无条件执法"（不考虑受害者意愿而起诉）。由于对待伴侣间暴力的态度不同，这两组执法有着显著的不同之处。偏向"无条件执法"的警员在共情方面得分更高，且很少有男性至上主义者，他们会比"有条件执法"的警员更认真对待伴侣间暴力（Gracia et al.，2011）。那些"有条件执法"的警员更愿意将家庭/伴侣间暴力视为人际关系问题，而不是一种犯罪行为。总体上来说，他们不愿意因家庭暴力而出警（Gracia et al.，2011）。

对犯罪的恐惧

对犯罪的恐惧指的是受害人由于担心自己可能会受到伤害而产生理性的或不理性的惊恐或焦虑（McLaughlin & Muncie，2006，p164）。在讨论其和受害者的关系之前，有必要指出的是，犯罪恐惧的定义存在模糊性，这种现象十分复杂。比方说，理性和不理性的恐惧是指什么（Farrall & Murray，2008）？为什么在不同的种族、性别和社会阶层中，恐惧的程度有所不同，这些反映了什么？近期，一些文献资料开始将重点放在对犯罪的焦虑上。格雷（Gray et al.，2011）等人的一项研究调查了犯罪恐惧的功能，并将分析结果划分成三个组，"不焦虑""功能紊乱型焦虑"（那些担心犯罪的发生而且因为这种担心或/和预防措施而导致生活质量下降）和"功能型焦虑"（指担心犯罪并采取预防措施使自己感到更加安全的人，他们认为自己的生活质量并没有因为对犯罪的焦虑和预防而受到影响）。格雷等人（2011）的发现表明，有些人会担心犯罪的发生，并因此采取预防措施，提升自己的安全感，以保证生活质量。然而，他们也确实发现了一些功能紊乱型焦虑的个体（占样本的27%），这些人的生活质量因为这种担心或/和预防措施而下降。有意思的是，他们还发现警方的信心可以调节这种焦虑，比方说，"不焦虑"或"功能型焦虑"群体中的人，相比"功能紊乱型焦虑"的人对警方更有信心（Gray et al.，2011）。这是一个很重要的发现，人们对犯罪的恐惧似乎与其对警方的信心有关联。

有时，对犯罪的恐惧会涉及一个悖论，虽然从20世纪90年代中期开始犯罪的数量明显减少，但人们知觉到的犯罪行为却有所上升（Gadd & Jefferson，2007）。人们的恐惧也许意味着他们会改变自己的行为，他们可能会变得更加焦躁，而这样会对人们的生活产生有害影响。这就产生了一种观点，即对犯罪的恐惧已成为一个主要的社会和政治问题，也许它已经变得比犯罪本身还要严重（Gilchrist et al.，1998，p283）。关于犯罪恐惧，有一个一致性发现，年轻男性犯罪的风险最高，对犯罪的恐惧却最低；女人和老人犯罪的风险最低，但对犯罪的恐惧却最高（Davies，2007）。由于害怕性暴力和男人骚扰，女性的恐惧有所加剧。的确，年纪大的女性对犯罪的恐惧相比同年龄男性高出三倍，这一点表明，除了与年龄有关，对犯罪的恐惧与性别也有关（Davies，2007）。

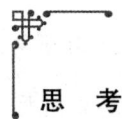

思　考

- 思考一下你自己和周围其他人对犯罪的担忧。你认为你有多担心犯罪？

6 受害者和受害的心理后果

- 你认为这些担忧（以及周围人的）是理性的还是不理性的？不理性的担忧是什么样子的？
- 英国犯罪调查想测量出人们对犯罪的担忧，你会如何回答英国犯罪调查的这个问题："夜晚，你独自走在自己的社区里，你的安全感有多高？"
- 哪些因素会加剧一个人对犯罪的恐惧？

受害的心理后果

受害者对受害做出的反应和应对总会有一定程度的主观性（Greve & Kappes，2010）。应对方式的不同取决于犯罪和受害的类型，但就算是同一类型的伤害，有些人也会比其他人应对得更好一些。诺里斯和坎尼亚斯塔（Norris & Kaniasty，1994）考察不同类型犯罪受害者（暴力犯罪受害者、财产犯罪受害者和非受害者）的心理压力，分别在三个不同阶段（3个月，9个月和15个月）观察了受害者绝望、焦虑、敌意和对犯罪的恐惧及逃避，结果发现犯罪受害者的精神状态在3个月和9个月之后都有所改善，在那之后就不会再有大的变化了。总的来看，暴力犯罪的受害者比财产犯罪的受害者感受到了更多的压力，而财产犯罪的受害者又要比非受害者感到更有压力。

犯罪给受害者带来的心理后果和打击是多样的。比方说，人际犯罪（暴力、性侵犯等）会引起情绪紊乱，如睡眠和饮食失调、不安全感和恐惧感、低自尊。表6.1总结了犯罪给受害者带来的心理、行为和情感后果。

表6.1 犯罪给受害者带来的心理、行为和情感后果

后果类型	影　响
心理	认知方式被破坏（对事物不理解，变得不信任、不合群） 低自尊 失控（感觉失去力量，失去自信） 自责
情绪	恐惧 愤怒 糟糕的/有问题的应对方式（如隐藏情感）
行为	生活方式的改变 社交退缩
身体	因犯罪行为致伤 自残 自杀
财产	失去收入 置换物品的花费（尤其是没有投保的） 额外的花销

来源：引自 Spalek（2006）。

施帕勒克（Spalek，2006）主张，受害的潜在影响受到三种因素的调节：

- 受害前因素——不变因素或可变因素，如年龄、婚姻状况、职业、受教育程度和性状态。

- 受害时的因素——受害时的环境，如果犯罪发生在一个被认为是"安全"的环境中，比如在家或在某人的照料下，影响会大得多。

- 受害后因素——援助和介入等可以帮助受害者应对受害。

受害的影响与许多不同因素交织在一起，其中包括丧亲之痛、人际关系紧张、健康状况不良、先前存在的心理问题等。以上三种因素对于警务工作和警方为受害者提供有效服务而言至关重要。在对受害的反应和应对上也存在个体差异，而且，不同的受害者所获得的社会资源也不一样。所以，在与受害者，尤其是弱势受害者打交道时，考虑受害因素就显得尤为重要。

"弱势"群体已经成为受害者研究中持续关注的焦点，这个群体包括了女性（尤其会成为强奸或伴侣间暴力的受害者）、老年人和儿童。有研究发现，受害给老年人带来的痛苦会持续更长时间（Greve & Kappes, 2010），所以，警方的回应与援助服务显得尤为重要。老年人对受害的反应通常涉及受害前因素和受害时的因素。很多老年人在家里成为受害者，有时他们被作为目标仅仅是因为他们看上去很孱弱，报警或报复的概率很小。他们也最容易被社会孤立和排斥，所以符合"理想"受害者的形象。

研究显示，大批的受害者饱受低自信、焦虑和不合群的痛苦，而这种情况在弱势群体中会加剧。犯罪受害的主要心理后果与"情绪"密切相关，宽泛的说就是犯罪会带来情绪后果。这种后果包含了创伤后应激障碍（PTSD）、沮丧、焦虑和自杀意念（Ruback & Thompson，2001）。针对受害情绪后果的研究中，关于创伤后应激障碍的研究最为广泛。当临床医生对创伤后应激障碍进行诊断时，他会参考两个资源：《国际疾病分类》（ICD - 10）（WHO，2007）或《诊断统计手册》（DSM - IV - TR）（APA，2000）。后者涵盖了所有根据五轴式诊断系统划分出的成人与儿童的心理健康问题。ICD - 10 和 DSM - IV - TR 对创伤后应激障碍（创伤后应激障碍）有着相似的观点，两者都将其视为对压力事件或（短期或长期的）危险情境及自然灾害的反应，而后者对任何人都有可能造成不利影响。

创伤后应激障碍的典型特征包括不停回忆创伤、突入性记忆、多梦或噩梦、强迫性思维和闪回、麻木感、与他人的感情疏离（APA，2000；WHO，2007）。创伤后应激障碍与沮丧、焦虑紊乱和自杀意念有着紧密联系并共存（APA，2000）。研究者还发现，创伤后应激障碍与犯罪受害有关（Ruback & Thompson，2001；Kilpatrick & Acierno，2003）。一项研究显示，32%的强奸受害者一生都受到创伤后应激障碍的折磨，12.4%经历了暂时的（在过去六个月中）创伤后应激障碍。在身体伤害案中，终身和暂时创伤后应激障碍的比例也很高，分别是38.5%和17.8%。总体上，犯罪受害者出现创伤后应激障碍的比例（25.8%）比非受害者（9.9%）高出很多（Kilpatrick & Acierno，2003）。基尔帕特里克和阿切尔诺（Kilpatrick & Acierno，2003）在整理文献时发现，性侵犯受害者出现终身创伤后应激障碍的比例在30%~80%。强奸带来的心理伤害并没有被高估，例如，一项研究显示，强奸受害女性比未被强奸的女性患创伤后应激障碍的可能性高出六倍。美国的一项研究使用了一个大样本（$n=1000$），结果发现，受到身体伤害和性侵犯的受害者与非受害者或非犯罪创伤事件（如火灾导致的财产损失或自然灾害）受害者相比，患有暂时性创伤后应激障碍的比例明显更高（Ruback & Thompson，2001）。

刑事司法系统试图通过"受害者个人陈述"这样一种方式来让受害者说出伤害带来的影响，从而帮助受害者应对伤害。有些人辩称，犯罪受害者是被刑事司法系统遗忘的声音，他们应该在刑事司法过程中扮演更积极的角色（Wolhuter et al.，2009）。在某些方面受害者个人陈述为此提供了一条途径，2001年受害者个人陈述作为受害人法的一项法令被引入（1996）。受害人法通过引入服务标准（也就是期望），开始在受害者政策中改变措辞（Goodey，2005）。受害者个人陈述给了受害者一个机会，让他们在法庭上说出犯罪如何影响自己（心理、情感、行为和财产等）。这种机会是非强制的，并由警察执行。而且事实已证明它会带来更加民主的宣判，并能够帮助受害者从其遭遇中恢复过来（Goodey，2005）。不过，这一过程也会存在潜在的陷阱（即使在法庭上不会被采纳），可能会导致偏见或基于情感而非理性的宣判（Myers & Greene，2004）。

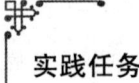

实践任务

访问 http://news.bbc.co.uk/1/hi/wales/south_east/5385666.stm*阅读BBC的一篇文章"法官谈谋杀'噩梦'",然后观看相关视频片段——点击右边的"从这些令人痛苦的情绪中走出来是没有捷径的"。然后思考以下两个问题:

- 让受害者以这种方式在法庭上讲出所受的影响,这样会给刑事司法系统带来什么问题?
- 这种程序的优点和陷阱是什么?你喜欢吗?为什么?

应对犯罪受害

受害者如何应对伤害

了解受害人如何应对受害,对于刑事司法系统和警察来说都十分重要。如我们所见,在不同类型的伤害和同一类型伤害的不同受害者之间都有不同之处。在提到受害者应对时,有一个问题我们经常忽略,那就是压力。毫无疑问,压力与犯罪(尤其是暴力与性犯罪)受害者有着紧密的关联。但是常被忽视的是,受害者不仅像其他人一样,有着同样的日常生活压力源(如关系、工作和家庭),而且他们还面临比这些都要重要的额外的压力源(Hill, 2009)。不仅如此,受害产生的压力通常会加剧生活压力,这会导致犯罪受害者更难以应对日常生活。警察不应低估他们在帮助受害者积极应对时的作用。

积极与消极应对

在关于受害者应对的文献中，对积极（适应性）应对和消极（不适应性）应对都有所提及。刑事司法机构，如警察，可以通过相对较小的贡献来提升积极应对。比方说，与犯罪受害者的积极应对有关的一个重要因素是"信息搜寻"。这包括获得有效的支持和建议，与相关的帮助小组建立联系，获知案情最新情况和刑事司法的进程，重获对生活的控制感（Hill, 2009）。警察通过与受害者的早期感性接触，可以帮助受害者积极应对。与本章前面的定义联系起来，受害者如何定义自己，也会影响他们对受害的应对。比方说，一开始个体可能会对"受害者"这个定义感到尴尬，因为这表明他们受到了非法侵害，他们是一件错事的受害者。然而，他们随后也许会避开这个标签，转而认为自己是"幸存者"，因为这反映了恢复和反击，意味着坚强（Hill, 2009）。这种定义上的转变，也暗示了受害者从一个被动的、受非法侵害的个体向一个克服了创伤性生活事件并夺回生活主动权的人的"转变"。

但是，有些受害者还是很难做出积极应对。受害者的消极应对包括拉开自己与他人的距离、退缩、孤立自己、酒精和毒品的滥用、自残和自杀意念（McCart et. al., 2010）。这些因素可以在我们对创伤后应激障碍的讨论中看到，我们还强调了，一个人对创伤性生活事件的反应将会影响他的应对。但是，为什么人们对类似的犯罪会做出不同的反应呢？

对以上问题的回答微妙且复杂，但是对我们中任何一位来说，如何处理生活中的事件（好的或坏的）都取决于我们如何看待这个事件。换言之，我们具有不同的生活经历，不同的家庭、文化、社会经济和教育背景，所有这些都会帮助我们处理和诠释未来的事件和经历。每个人的内部框架不同，而内部框架有助于缓冲负面生活经历，也可以帮助人们更加积极地面对敌对事件。这些内部网络有时被称为"复原力"。

"复原力"可以调节犯罪受害的后果，使不良心理伤害减到最小，并对诸如创伤后应激障碍等综合征产生影响。当某一事件带来的伤害很小或为零，复原力就变得很明显了，这也许是因为个体能够调动创伤前就存在的内部资源，这种资源能够促进积极应对。但是，复原力是一种多维度现象（而不是简单地分为有复原力或没有复原力）。比方说，一个有复原力的幸存者可能在一个或多个方面受到严重创伤，但在其他方面却有显著优势（Harvey，2007）。复原力也是一个灵活的过程，个体幸存者可以利用某些方面的优势来促进其他方面的恢复（Harvey，2007）。也许个体的应对资源对于成功应对来言是一个关键因素（Greve & Kappes，2010）。有趣的是，复原力因素是创伤幸存者心理疗法的一个重点，即帮助个体认识并调动起自己的复原力。但是值得

6 受害者和受害的心理后果

注意的是，大多数幸存者都不会寻求心理治疗，所以需要一个生态框架，这一框架能认识到环境介入可促进并提高未治疗的创伤幸存者及其社区的健康和复原力（Harvey，2007，p16）。这个框架可以通过公众教育活动、社区计划和教育课程来实施。

这样一个框架的核心在于"道德修复"，社区帮助受害者重建信任和希望，修复他人带来的伤害（see. e. g.，Walker，2006）。事实上，除了个体资源之外，社会支持对犯罪受害者也很有用。然而，社会支持虽然是一个促进应对的理想平台，但对受害者的支持依然很低，且仅针对几种特定的犯罪（如对女性施暴）。这些机构中的助人者往往准备不足，无法满足受害者的需求，并且经常感受不到受害者的需要。与此同时，受害者们可能也不想寻求社会支持，因为他们可能不想谈论发生在自己身上的犯罪，他们也许会感到羞耻和恐惧（Greve & Kappes，2010）。但是，社会支持可以提升创伤幸存者的复原力（Harvey，2007）。警方与社区的合作也许可以作为提供这一支持的一种方式。

最后，应对犯罪受害还有最重要的一个方面，它取决于个体体验到的伤害对其自我认同的威胁程度。这个过程与归因理论相关联（详细讨论请参见本书第3章），也可归结为个体如何有效"抵消"伤害的后果（直接或间接）（Greve & Kappes，2010）。这些心理过程（抵消、正面的幻想、自我欺骗）并不能很好地整合到受害学理论中，或被纳入研究中。确实，自我欺骗（及否认）常被视为一种消极应对策略和不良应对的信号。但是，适应性应对和不良应对之间的区别并不总是非黑即白，它们之间的界限开始变得模糊了（see. e. g., Hill, 2009）。

从心理学文献中可以发现，否认和自我欺骗常用来进行自我保护和保持自尊（Russell, 1993），因此它具有适应性功能。而且，研究表明，诚实的自我评估与抑郁障碍有联系（Seligman, 1975）。如科恩（Cohen）提到，研究表明，心理健康并不是取决于与现实保持一致，而是幻觉、自我欺骗和否认（2001, p56）。对那些利用抵消技巧、拥有积极幻觉的犯罪受害者来说也许是这样的，而且，归因偏差对于某些犯罪受害者来说可能具有适应性（至少不是在任何案例中都表现出固有的不适应）。有人宣称，个体通过调整自我形象、个人目标和价值观，可以克服受害的后果。所以，我们重视自我认同就显得非常重要（Greve & Kappes, 2010）。

实践任务

在以下网址 www. guardian. co. uk/books/2002/feb/06/sociaty* 阅读苏姗·布里森的文章《我被强奸后》。这是一个强奸受害者的自传体描述，是一篇十分有影响力的文章，它从个人视角呈现了受害的心理后果和恢复。思考这篇文章的同时也请考虑，在帮助受害者报告犯罪以及帮助受害者恢复的过程中，警方的有效工作是多么重要。

间接受害者受到的影响

至此,我们只讨论了直接受害者(被非法侵害)受到的伤害,但是直接受害者受到的伤害如何影响间接受害者,如家庭、朋友和社区?

间接受害者可能会面临与直接受害者类似的心理后果,包括创伤后应激、沮丧、行为和情感问题、社会退缩。确实,DSM - IV - TR 中对创伤后应激障碍的定义指出个体并不需要直接经历负面事件。创伤后应激障碍可以产生于直接经历,也可以是由于目击了对另一个人的杀害、伤害、或威胁,或了解到家庭成员或者亲近的人因意外或暴力致死或致伤(APA,2000,p465)。很显然,间接受害可以导致创伤后应激障碍,并且有研究显示,有间接创伤经历的人,如被告知所爱的人或好友因为暴力致死或致伤,很有可能会如直接受害者一样产生长时间的创伤后应激障碍(Ruback & Thompson,2001)。正如你在前面"思考"中的视频片段中所见,目睹所爱的人被杀害会对间接受害者产生毁灭性的影响。所以,如果有可能的话,为受害者提供所需的援助和建议是很重要的。

对受害者的支持

如先前所提到的,有研究显示社会支持能够对受害者的恢复产生积极影响,并帮助他们应对受害。前面讨论过,"受害后因素"警告我们受害后立刻会有一个危机时期,若不处理,则会对受害者产生不可挽回的影响。在危机时刻,有效支持是急需的。

当今对受害者的支持,可以追溯到20世纪60年代和70年代的关注结构性不平等(如工作场所、家庭和再生产权力)的第二波女权运动。这项运动旨在重新聚焦和定位刑事司法系统,使它能够支持受害者。这在很大程度上是因为受害者数量呈现显而易见的增加,从而导致人们更加重视弱势群体(尤其是遭受家庭虐待或性暴力的女性),这样,权力本位的受害者运动爆发(Blake et al.,2010)。受害者支持服务依赖志愿者而存在,没有志愿者,其中的大多数便无法生存。虽然不同机构在目的和资金方面有区别,但大多数都持有同一种哲学思想,那就是要让受害者强大起来,鼓励他们积极思考,并重新夺回对生活的控制权(Davies,2007)。

20世纪70年代早期出现了三个慈善援助服务机构:受害者援助、强奸危机援助和妇女救助。受害者援助是针对受害者和受害者经历的权威声音,并得到政府的重金资助(大约有2.3亿英镑)(Rock,2008)。它向大约1700万受害者提供服务,其中140万人经由警方推荐而来。该机构雇用了约1500名员工和10000名志愿者。然而,它却受到了批评。受害者援助是一项慈善事业,它之所以还能生存是因为政府的重金资助,而其他的机构则在资金中挣扎,勉强维持。古迪(Goodey,2005)批评受害者援助过于政治化,不是一个中立的组织。这是以受害者为中心的司法中的保守进步,但却是通过政府和刑事犯罪机构的共识而达到的(Goodey,2005)。对于不同类型的受害者,有一系列可选的援助服务,以下列出的是一些援助群体及其目标(见表6.2)。

表6.2 援助群体及其目标

群体名称	援助活动
受害者援助	对犯罪受害者提供务实的建议和协助,并保护受害者的权利
目击者服务(受害者援助的一部分)	在英格兰和威尔士范围内为目击者提供法庭援助服务
强奸危机援助	提供多样服务,包括援助和咨询、24小时热线、训练及延伸服务
妇女救助	针对家庭暴力的全国性慈善机构,为妇女和儿童服务
SAMM	在谋杀或过失杀人后提供援助

实践任务

选出两个弱势受害者(如仇恨犯罪、强奸、家庭暴力或虐待老年人),并通过网络来搜索援助群体。看看每类受害者可以选择哪种援助群体,他们可以提供什么。然后思考以下几点。

- 他们在多大程度上能满足受害者的需要?他们所提供的援助是否足够?还能提供更多援助吗?

- 对比两个援助群体，是否其中一个比另一个更好？如果是这样，可以用什么方法来改进另一个援助群体呢？
- 你认为刑事司法系统和援助群体在多大程度上满足了受害者的需求？

有效警务工作的重要性

本书的核心在于给学生们提个醒，这里所说的学生包括那些已经在从事警察工作的，或者想从事警察工作的，或者与刑事司法机构有关系的人，他们是最早与罪犯和受害者接触的人，所以肩负着重要的责任。与受害者的第一次互动是极为重要的，而且这种互动由警方开始，互动将决定受害者对警察的反应和看法（以及他们在将来报案的可能性），并且会影响他们的恢复。这里的核心论点是，多数警务工作与之相关，警察必须要认真反思自己的行动（see. e. g., Copley, 2011）。

受害者研究中最主要的一个理论观点便是"实证论"。亨提西（von Hentig, 1948）发展出了"实证论"，他的关注点是罪犯—被害人关系。他关注受害者的角色及其如何导致自己受害（如他们如何煽动或创造了一种导致自己受害的情境）。然而，这一早期的受害者研究取向被批评为意在谴责受害者（Rock, 2008）。尽管如此，这种方式今天仍在被使用，如前面章节讨论过的"强奸迷思"和受害者刻板印象；我们仍然有一种谴责受害者的文化,或对受害者进行质疑。

心理学研究中有很大一部分研究与这种受害者研究方法有关,这能帮助我们充分理解受害者谴责。勒纳(Lerner,1980)证实,"公正世界理论"让人们相信世界是公平的,总体来说,人们会得到应得的。这表明,如果人们受到激发以这种方式看待世界,就会对受害产生不同反应——可能会导致谴责受害者,贬低受害者的人格,或者是帮助他们。虽然"公正世界"的信念会帮助维持心理健康,但对公正的关注可以导致受害者谴责。从这种观点出发,某些特定的受害者威胁到了人们的公正感(人们感到不会总是种瓜得瓜),所以他们会通过受害者谴责或帮助来试图重建公正感(Hafer,2000)。确实有大量研究证实,公正世界信念越强,人们参与受害行动计划的可能性越大。

公正世界信念可被视为一种应对模式,也可解释为什么某些特定的受害者(尤其是强奸和伴侣间暴力)更倾向于自我怪罪。这一点会在很多方面对警务工作产生影响。让我们以家庭暴力为例,警方对待这种案件的态度十分重要,因为这将影响到受害者,并向社会大众发出一个明确的信号——说明社会对这种暴力的谴责(或容忍)会达到怎样的程度(Gracia et al.,2011)。公正世界和性别歧视的信念会影响警察对女性的看法,也会影响他们对伴侣间暴力的认识。如果警察表现出或在实际工作中责备或无视这种受害者,那么社会也会怪罪受害者。

受害者研究中,一个可以指导警方实践的观点是"批判"受害学。批判受害学的观点是，受害者的生活现实及社会构架形成这些现实（see. e. g., Mawby & Walklate, 1994）。批判受害学还强调贴标签过程，强调一个人如何获得"受害者"标签及谁有权力贴标签（如警方）。批判受害学提醒我们，以某种特定的方式给人贴标签（应得的/不应得的）掩饰了一个事实，那就是受害者属于不同群体，有些可能会有结构性不平等，有些可能由于社会经济地位而拥有相对较少的权力。那么，警察如何判断一个受害者（如应得的），在某种程度上将决定受害者获得怎样的服务，例如获得怎样的援助和建议。

本章小结

本章的重点在于受害者和受害，并考虑了伤害给不同犯罪受害者（重点聚焦了严重的人际犯罪）带来的心理后果。本章还介绍了一个人如何定义受害者以及这对受害者意味着什么（如在援助和建议方面），犯罪的普遍性（和为什么有人不报案），伤害的后果和警方与受害者互动的重要性。本章重点提到，警察在受害者与警方打交道的经历以及在警方和社区的关系中扮演了关键角色（Skogan, 2005），这些内容支持了上一章的观点。

研究显示，当人们认为警察是公平的、体贴的和有帮助的时候，就会更加倾向于遵守法律，主动站出来作证和对罪犯提出指控。虽然我们对警察的观点有着各种来源，而最终形成受害者体验的却是其直接经历。切记,警察必须依靠公众的主动报案来拘捕罪犯。我们只须看2011年8月在伦敦和英格兰其他地方发生的骚乱,以及警察呼吁人们协助抓捕监控视频上所看见的罪犯就能知道,公众的合作对警务工作而言极其重要(参见电讯报,2001)。

本章的主要目标之一是分析受害的后果及受害者如何应对伤害(应对得当或应对不得当)。心理学家、学者和警察直到最近才开始认真思考受害的后果和受害者的应对(Greve & Kappes, 2010)。由于刑事司法系统致力于为受害者提供更好的服务,所以,对于所有和受害者有关的人而言,这个问题都变得更加重要。

REFERENCES

Aguiar, P, Vala, J, Correia, I and Pereira, C (2008) Justice in Our World and in That of Others: Belief in a just world and reactions to victims. *Socia Justice Research*, 21 (1): 50 –68.

APA (American Psychiatric Association) (2000) *Diagnostic and Statistical Manual*, 4th Edition, Text Revision (DSM – IV – TR). Arlington, VA: American Psychiatric Publishing.

Blagden, N, Pemberton, S and Collier, C (in press) Rape of Adults, in Winder, B and Banyard, P (eds) *A Psychologist's Casebook of Crime: From arson to voyeurism*. London: Palgrave – Macmillan.

Blake, C, Sheldon, B and Williams, P (2010) *Policing and Criminal Justice*. Exeter: Learning Matters.

Christie, N (1986) The Ideal Victim, in Fattah, EA (ed_) *From Crime Policy to Victim Policy*. New York: St Martin's Press.

Cohen, S (2001) *States of Denial: Knowing about atrocities and suffering*. London: Polity Press.

Copley, S (2011) *Reflective Practice for Policing Students*. Exeter: Learning Matters.

Coupe, T and Griffiths, M (1999) The Influence of Police Actions on Victim Satisfaction in Burglary Investigation. *International Journal of the Sociology of Law*, 27: 413 –31.

Davies, P (2004) Crime Victims and Public Policy, in Davies, R Francis, P and Jupp, V (eds) *Victimisation: Theory, research and policy*. Basingstoke: Palgrave – Macmillan.

Davies, P (2007) Criminal (Injustice for Victims, in Davies, P, Francis, P and Greer, C (eds) *Victims, Crime and Society*. London: Sage.

Dignan, J (2005) *Understanding Victims and Restorative Justice*. Maidenhead:

Open University.

Fanslow, J and Robinson, E (2010) Help – seeking Behaviours and Reasons for Help – seeking by a Representative Sample of Women Victims of Intimate Partner Violence in New Zealand. *Journal of Interpersonal Violence*, 25 (5): 929 – 51.

Farrall, S and Murray, L (2008) Critical Voices in an Age of Anxiety: A reintroduction to the fear of crime, in Farrall, S and Murray, L, *Fear of Crime: Critical voices in an age of anxiety*. Abingdon: Routledge – Cavendish.

Finch, E and Munro, VE (2005) Juror Stereotypes in Blame Attribution in Rape Cases Involving Intoxicants. *British Journal of Criminology*, 45: 25 – 38.

Fisher, BS, Daigle, LE, Cullen, FT and Turner, MG (2003) Reporting Sexual Victimisation to the Police and Others: Results from a national – level study of college women. *Criminal Justice and Behavior*, 30 (1): 6 – 38.

Gadd, D and Jefferson, T (2007) *Psychosocial Criminology*. London: Sage.

Gilchrist, E, Bannister, J, Ditton, J and Farrall, S (1998) Women and the Tear of Crime': Challenging the accepted stereotype. *British Journal of Criminology*, 38 (2): 283 – 99.

Goodey, J (2005) *Victims and Victimology: Research, policy and practice*. Harlow: Longman.

Gracia, E, Garcia, F and Lila, M (2011) Police Attitudes Toward Policing Partner Violence Against Women: Do they correspond to different psychosocial profiles? *Journal of Interpersonal Violence*, 26 (1): 189 – 207.

Gray, E, Jackson, J and Farrall, S (2011) Feelings and Functions in the Fear of Crime: Applying a new approach to victimisation insecurity. *British Journal of Criminology*, 51 (1): 75 – 94.

Greve, W and Kappes, C (2010) Victims of Crime: Towards a psychological perspective, in Towl, GJ and Crighton, DA (eds) *Forensic Psychology*. Chichester: BPS Blackwell.

Hater, CL (2000) Do Innocent Victims Threaten the Belief in a Just World? Evidence from a modified stroop task. *Journal of Personality and Social Psychology*, 79: 165 – 73.

Harvey, MR (2007) Towards an Ecological Understanding of Resilience in Trauma Survivors: Implications for theory, research and practice. *Journal of Aggression, Maltreatment and Trauma*, 14 (1/2): 9 – 32.

Hill, JK (2009) *Working with Victims of Crime: A manual applying research to clinical practice*, 2nd edition. Ottawa: Department of Justice Canada.

Home Office (2009) *Crime in England and Wales* 2008/09. Available online at www. homeoffice. gov. uk/rds/pdfs09/hosb1109vol1 . pdf (accessed 13 January 2009).

Jupp, V (2006) Victimisation Surveys, in McLaughlin, E and Muncie, J (eds) *The Sage Dictionary of Criminology*. London: Sage.

Kilpatrick, DG and Acierno, R (2003) Mental Health Needs of Crime Victims: Epidemiology and outcomes. *Journal of Traumatic Stress*, 16 (2): 119 – 32.

Lerner, MJ (1980) *The Belief in a Just World: A fundamental delusion*. New York: Plenum Press.

London Rape Crisis Centre (1984) *Sexual violence: The reality for women*. London: The Women's Press.

Mawby, Rl and Walklate, S. (1994) *Critical Victimology*. London: Sage.

McCart, MR, Smith, DW and Sawyer, GK (2010) Help Seeking Among Victims of Crime: A review of the empirical literature. *Journal of Traumatic Stress*, 23 (2): 198 – 206.

McLaughlin, E and Muncie, J (2006) *The Sage Dictionary of Criminology*, 2nd edition. London: Sage.

Myers, 8 and Greene, E (2004) The Prejudicial Nature of Victim Impact Statements: Implications for capital sentencing policy. *Psychology, Public Policy, and Law*, 10: 492 – 515.

Norris, FH and Kaniasty, K (1994) Psychological Distress Following Criminal Victimisation in the General Public: Cross – sectional, longitudinal and prospective analyses. *Journal of Consulting and Clinical Psychology*, 62 (1): 111 - 23.

Rock, P (2008) The Treatment of Victims in England and Wales. Policing: *A Journal of Policy and Practice*, 2 (1): 110 - 19.

Ruback, RB and Thompson, MP (2001) *Social and Psychological Consequences of Violent Victimisation*. Thousand Oaks, CA: Sage.

Seligman, MEP (1975) Helplessness: *On depression, development & death*. San Francisco, CA: Freeman.

Skogan, WG (2005) Citizen Satisfaction with Police Encounters. *Police Quarterly*, 8 (3): 298 - 321.

Spalek, B (2006) *Crime Victims: Theory, policy and practice*. Basingstoke: Palgrave - Macmillan.

Sprackman, P (2000) *Helping People Cope with Crime*. London: Hodder.

Telegraph, The (2011) London and England Riots: CCTV pictures of suspects are released by the police. Available online at www.telegraph.co.uk/news/picture-galleries/uknews/8690951/London - riots - CCTV - pictures - of - suspects - are - released - by - the - Metropolitan - Police.html? image = 3 (accessed 1 September 2011).

Tyler, T (2004) Enhancing Police Legitimacy. *The Annals of the American Academy*, 593: 84 - 99.

von Hentig, H (1948) *The Criminal and his Victim: Studies in the sociobiology of crime*. Hamden, CT: Archon Books.

Walker, M (2006) *Moral Repair: Reconstructing moral relations after wrongdoing*. Cambridge: Cambridge University Press.

Walklate, S (2007) Men, Victims and Crime, in Davies, P, Francis, P and Greer, C (eds) *Victims, Crime and Society*. London: Sage.

Westmarland, N (2004) *Rape Law Reform in England and Wales*. School for Policy Studies Working Paper Series, Paper Number 7. Bristol: University of Bristol.

WHO (World Health Organization) (2007) *The ICD - 10 Classification of Mental and Behavioral Disorders*. Geneva: World Health Organization.

Wolhuter, L, Olley, N and Denham, D (2009) *Victimology: Victimisation and victims' rights*. Abingdon: Routledge – Cavendish.

USEFUL WEBSITES

www. ageuk. org. uk – Age UK aims to improve later for everyone through information and advice

www. cps. gov. uk/legal/v_ to_ z/victims_ code_ operational_ guidance—The Code of Practice for Victims of Crime, Crown Prosecution Service Operational Guidance

www. fawcettsociety. org. uk – Fawcett Society, the UK's leading campaign for equality between women and men

www. rapecrisis. org. uk – Rape Crisis is a feminist organisation that promotes the needs of women and girls who have experienced sexual violence

www. samm. org. uk – SAMM is a national UK charity supporting families bereaved by murder and manslaughter

www. victimsupport. com – Victim Support is a national charity giving free and confidential help to victims of crime, witnesses, their family, friends and anyone else affected across England and Wales

www. victimsupport. org/? /media/Files/Policy% 20and% 20research/victims – code – of – practice. ashx – The Code of Practice for Victims of Crime, Criminal Justice System

7　压力、倦怠、应对和警务

➣ 本章目标 ➣

在完成本章的学习后,你应当能做到以下几点:

- 了解压力和倦怠的概念及其对警察和警务工作的影响;
- 描述警务工作的主要压力源和有效应对压力的策略;
- 认识压力和倦怠的心理学症状。

➣ 与标准的关联 ➣

本章内容可能与国家职业标准(NOS,2008)中关于警务与执法部门所需司法技能的规定有所关联。

AE1　保持与提升你的知识和能力。

HA2　管理自己的资源和职业规划。

HD6　分配和监督你所负责工作的进展和质量。

HC6　实施变革。

随着资格与学分框架（QCF）的推行，"国家职业标准"这一说法也许会发生一些改变。在本书撰写时，新提法还没有确定，有些组织会用到"资格与学分评估单元"这一提法。

每一章的开头都会提到该章内容与国家职业标准的关联性。但是，要注意的是，这些只是在本书撰写时的情况，具体情况请参阅司法技能网站：www.skillforjustice–nosfinder.com*。

7 压力、倦怠、应对和警务

引 言

到目前为止,在本书中我们已经讨论了应用心理学的各个方面如何在警务工作中发挥作用,从对受害者的询问、与受害者的互动到刻板印象和判断,再到印象的形成和犯罪者动机的理论。我们有一个主要的考虑,**警察的角色是为他人调解**,也就是他们对其他人(受害者、罪犯和公众)会产生影响。然而,本章却是关于警务对警察本人的影响,着重于压力和倦怠。大多数成为警察的人都会因为这项工作的挑战、与不同的人或事打交道和对社区产生积极影响而感到激动。对于很多人来说,成为警察并加入警察队伍能够实现生活的抱负。

但是,当工作的挑战或要求超过了警察的应对能力时,会发生什么呢?例如,节奏变化(从繁忙到缓慢)如何影响警察,暴露在威胁和不可预料事件中会对他们产生怎样的长期影响?本章将对这些重要问题进行探讨,此外本章内容还包括对压力的反应,如积极应对和消极应对。本章也会讨论如何改进应对策略及在必要时如何寻求帮助。

压 力

压力被定义为一种不愉快的唤醒状态,在这种状态下人们会将某事件的需求视为繁重的负担，或超出他们的能力、无法满足或改变这些需求（Brehm et al.，1999）。其实，你会认为自己所面对的是超出你应对能力的事件或情境。压力在人类中很普遍，我们所有人都会在生活中的不同时间、由于不同原因感受到压力。打个比方，你可能急着去开重要会议却被堵在路上；你可能有太多的最后期限要应付；你可能是一名坐在考场里的学生，考试的结果将决定你是否能上大学或是否能取得你想要的学位；或者你可能没有钱支付所有的账单。压力是我们日常生活和日常生活用语的一部分——"我压力太大了"，"压力来了"——有时还跟着一句"我没法应付。"压力越来越被认为是一个严重的问题，以至于出现了帮助热线。在你倍感压力，挣扎着去应对的时候，你可以通过帮助热线，和某人聊聊（see，e.g.，www.anxietyuk.org.uk）。而互联网上也有一些资源可以帮助人们识别和应对压力。

压力源指的是能够引发压力的任何东西，它通常伴随着为减轻压力而做出的努力（应对）。压力和应对（见图7.1）是每个人在所处环境中必须反复面临的一个交易/关系。当面对威胁或潜在压力情境时，我们对情境的评估将决定我们如何感受压力和如何应对压力（Brehm et al.，1999）。

图7.1强调了人们在评估和应对压力事件时的个人和情境因素。个人因素是个体之前就有的经验，情境因素指的是环境背景。例如，是否将某事件评估为压力会受到以下因素影响：压力源是否新奇（之前未经历过），或可预测（之前遇见过）；是否紧

迫（你没有太多时间准备）；以及其持续时间（该压力事件将会持续多久）（Lazarus & Folkman，1984）。因此，人们会基于自己的主观经历和客观环境，对事件和压力持有不同看法。于是，心理学家和研究者们试图更好地理解压力，并将产生压力的情境分类，以便找出应对压力的积极方式。

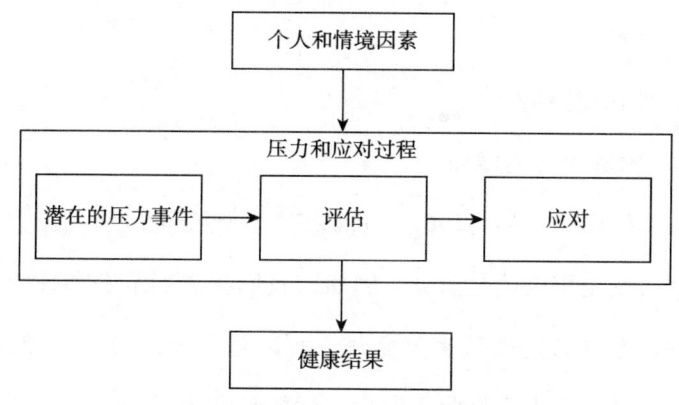

图 7.1　个人和情境因素

来源：引自 Brehm 等人（1999）。

霍尔姆斯和雷赫（Holmes & Rahe，1967）设计了一个《社会再适应评价量表》（SRRS），这个量表通过不同生活事件造成的再适应程度来测量压力。《社会再适应评价量表》其实是一份 43 种生活事件的清单，这些事件是从临床经验中衍生出来的。你面对的生活事件越有压力，你做出的再适应和改变就越多，你就越感到有压力。根据霍尔姆斯和雷赫（1967）的研究，以下 10 种生活事件带来的压力排名前十：

1. 丧偶；
2. 离婚；

3. 入狱;

4. 亲近的家庭成员死亡;

5. 重大的人身伤害或疾病;

6. 结婚;

7. 失业;

8. 怀孕;

9. 性功能障碍;

10. 家庭成员的增加。

霍尔姆斯和雷赫（1967）的观点是，改变可以引发压力，不管这种改变是积极还是消极。例如，我们注意到结婚和怀孕是积极事件，但是它们都带来了变化，所以需要再适应。有趣的是，我们发现经历压力容易使人患病，就像日常生活中的困难和负担一样。消极生活事件也往往与痛苦和疾病相关联。

实践任务

你的压力状况如何？

- 点击 www.nhs, uk/Livewell/workplaehealth/Page/reducestress.aspx 观看英国国家医疗服务体系（NHS）关于应对压力的短片，如果你觉得自己没问题，不妨做一下他们的压力测验。

- 访问 www.hes.gov.uk/stress/furtheradvice/wrs.htm 并阅读安全与健康部关于工作相关压力的信息。通读安全与健康部的网站，并使自己熟悉压力的信号。

压力和警务

压力是我们日常生活的一部分，大多数人都会在生活中的特定时刻感受到压力。然而，警务工作经常被认为是高压力工作，因为警察要接触到他们特有的工作环境所导致的独一无二的压力源（Bradway，2010），无论是处理足球流氓，还是在周末夜晚市中心执勤，治理暴乱，又或与受害者打交道，或者处理文案工作，都会带来一定的压力。工作的变动性，例如从一段紧张的工作转到安静无聊的状态，也会给警务工作带来压力。维尔（Sewell，1983）设计出一份问卷，名为《执法人员重要生活事件量表》（LECLES）。这个量表包含了警察可能会在某一时刻面对的 144 个事件，要求警察根据他们感受到的压力大小对事件排序。这项问卷调查发现，最有压力的是暴力和危险事件，比如，搭档在执行公务中暴力致死排第一，而撤职、执行公务时射杀某人、某位很要好的警员朋友自杀则分列第二、第三和第四。调查发现，不同性别之间没有明显差异（Sewell，1983）。有趣的是，撤职的压力如此靠前，这说明很多警察都想保住自己的工作。诸如"错过升职"和"接受内部调查"等事件排列也很靠前。这些排列令人惊讶，研究显示，警察职业本身也会成为压力源，这对外人来说却不明显（Ainsworth，2002）。

很有意思的是，相对于创伤性应激经历，警务工作（或其他工作）中的日常压力源，如工作调动，错过升职，感到不公对待，糟糕的管理及公众态度等是压力和情绪不适应的更重要的原因（Van Hasselt et al.，2008）。所以，虽然重大危机事件会带来很大压力，但警方却要面对更多的、对他们有害的相对较小的压力源（Van Hasselt et al.，2008）。对此可能的一种解释是，重大的危机事件会有增援（案情简报、咨询顾问），且很有可能被警方所预期到，而小的压力源和内部官僚主义却没有援助，也无法预料。格绍（Gershon，2009）等人同样也提到，警察的压力源与组织问题有关联，例如无效沟通，死板的组织构架，极少的升迁机会，繁重多变的工作压力和搭档的调换。有趣的是，针对警察招募中的"中途退出者"（新近招募却在工作之后16个月内辞职的人）所做的研究发现，他们辞职的主要原因是理想的工作状态与实际工作的冲突（Haarr，2005）。这种冲突突出了新招警察的预期和警务的实际生活之间存在很大差异，这一差异会引起压力，并最终导致某人离开警察队伍。那些期望警察工作主要是"抓坏人"的人，可能会惊讶于警务工作有那么多的调动，以及对情商的要求非常高。实际工作中的官僚程序或目标聚焦管理，也会导致有些警员幻想破灭，从而感到更有压力。

警务工作对警察的影响

警务工作的性质本身就具有压力：与潜在的危险情境接触，

可能面对的事物以及工作中的不确定性都可导致压力。接触并处理暴力事件和死亡是最具有压力的事件。关于警察职业创伤的研究显示，大约7%的警员患有这种创伤后应激障碍（PTSD）（Rallings，2002）。而在枪击事件中，这一比例高达46%（Rallings，2002）。在第6章中我们讨论过创伤后应激障碍与犯罪受害者有关，重要的是要认识到，警察也会有同样的症状。警方直到最近才开始认识到这一点，认识到它对警员和组织的意义。以前人们经常认为，警察在每天的工作中都会经历紧急情况，所以警员们不会像那些没经历过这种情况的人一样，受到如此大的影响。但是，这个假设被证明是错误的，警察也许的确会在一次重大事件后经受创伤后应激障碍（Ainswroth，2002）。研究表明，警察中确实存在创伤后应激障碍症状，而那些有严重创伤后应激障碍症状的人，患有可导致心血管疾病的代谢综合征的概率较常人高出三倍（Violanti et al.，2006）。这一点被布莱德威（Bradway，2010）所证实，他发现，采用自我报告的方式来调查心血管疾病的发病率，执法人员的发病比例是31%，相比之下普通人群是18.4%。有一项评估发现，25%~30%的警察有压力相关的健康问题，包括高血压、心脏病和肠胃紊乱（Van Hasselt et al.，2008）。

现在，每次重大事件后通常会有事后说明，警方也会坚持让警察去见心理医生或咨询师。但是，这并不能保证警察一定会去看心理医生，由于"大男子主义"和硬汉形象在警察文化中根深蒂固，要一个警察向同事承认他在寻求帮助是十分困难的（Ainswroth，2002）。虽然警察被称为"情感劳工"（见上一章对此的讨论），但是，表现或显示出这种情绪却和警察文化的某些方面不相容。

应对压力

正如在本章中所提到的，警务是一份高压力、高强度的工作，且警务工作中的工作压力会带来沮丧、反社会行为和酗酒等相关问题（Gershon et al.，2009）。先前提到过，警察的压力源大多与组织问题相关，多于与重大事件的关联，那么有什么不同的应对方法呢？应对策略又会如何影响负面结果？

拉扎勒斯和福克曼（Lazarus & Folkman，1984）区分了两大类应对方式：问题聚焦和情绪聚焦。问题聚焦应对是指通过积极地处理问题，引入策略，如计划或主动应对、重新进行正面解释、搜集信息和解决争端以降低压力。情绪聚焦应对则是作出努力来减少精神痛苦，掌控压力事件带来的情绪反应而不是着重于处理问题（Folkman & Moskowitz，2004）。这种应对方式涉及的策略包括回避（不去想问题也不去解决问题，比如你无法还清信用卡了，你会装作这不是个问题且并不去想它，希望这会好起来——当然，这是不会发生的）。其他的策略包括否认、酗酒和吸毒。有研究发现，主动应对（用某种策略来解决问题）对减少压力有很好的效果，这可以给人一种感觉，即能够控制压力源（Zeidner & Saklofske，1996）。

7 压力、倦怠、应对和警务

虽然情绪聚焦应对能够带来情绪上的平衡，但应对压力事件仍然需要着眼于解决问题（Zeidner & Saklofske, 1996）。所以，虽然情绪聚焦应对一开始比较合适，但是过于依赖这种应对策略却可能导致负面结果，如沮丧和问题悬而未决。比方说否认，一种情绪聚焦应对策略，杰诺夫—布尔曼和坦科（Janoff-Bulman & Tanko, 1987）将否认定义为一种过渡形式，这种形式能够保护自我概念不受有害信息的侵害，直到这个人能够应对该麻烦。对问题的持续否认可能会导致回避，其结果将加剧此人的问题。回避被认为是一种不适应应对，并会产生痛苦和负面结果，通常会对人产生危害（主要因为你并不是在处理问题）（Zeidner & Saklofske, 1996）。总体来说，关于应对方法的研究表明，积极处理压力情境比回避要好得多。

作为一名警察，你的应对类型可以决定你对事件压力的感知度，以及这些事件将如何影响你。格绍等人（Gershon et al., 2009）发现，警察的工作压力与回避应对有很强的关联。问题聚焦应对可以帮助警察减轻压力并解决问题。也许最值得注意的发现是，那些认为自己工作压力大且采取回避方式来应对的警察，相比那些不使用这种应对方式的警察，在焦虑的比例上高出14倍，在倦怠的比例上高出9倍（Gershon et al., 2009）。这项研究的结果很清楚，尤其是当我们联系之前所讨论过的警察压力以及压力水平与倦怠、创伤后应激障碍、焦虑和沮丧等内容时（Martinussen et al., 2007; Gershon et al., 2009）。格绍等人（2009）

证实有两种方式可减轻警察压力。我们可以改善警察的应对机制，并帮助他们了解自身应对方式，或确定及处理与警务相关的压力源。因此，根据研究结果来看，帮助警察建立一种解决问题的应对策略是一个进步（Gershon et al.，2009）。

有很多方法可用来应对或减少工作中的压力，从而使其不对你的表现产生不良影响。应对负面压力的一个好方法是有效使用监管。在临床实践环境中（如临床心理学或心理治疗），通过座谈会来进行监管，反思实践并讨论哪些方法可以减少压力事件，并发现哪些方法更有效且有创造力。有效利用监管和能够得到"好的"监管极其重要，因为有发现证实，缺乏上级支持可以给警员带来压力（see. e. g.，Morash et al.，2008）。好的监管和内省是从信任和透明的关系开始的，这会使被监管人开口说话，反思案件和问题并从中学习，使他们找到不同的策略来处理将来可能遇到的类似案件或问题（Carroll，2006）。反思性实践在警务中变得越来越流行（see. e. g.，Copley，2011），警校新生们必须要完成警员学习评估（SOLAP），以展示他们作为警察的必备技能。能够批判性地反思案件是警员必备的能力。压力训练也能减少承担紧急服务职业人员的压力，这类训练的重点在于改善压力条件下的决策、更好地控制情绪和未知恐惧、更好地应对未知及建立自信（see. e. g.，Sime，2007）。

如前面所提到的，网上提供了很多减轻压力和焦虑的信息和指导。用"压力"作为关键词确实可以搜索到一些很有价值的资源，如援助团体 Anxiety.org，它提供了一部热线电话来帮助那些承受压力或想找人说话的人。在压力状态下，与人交谈的过程不应该被低估，这可以显著地帮助人们应对生活压力源。本章的读者应该去关注"有用的网站"，其中包含了一些关于压力的重要资源，包括英国国家医疗服务体系（NHS）和健康与安全执行局（HSE）的链接。

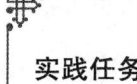

实践任务

认真思考本节和上一个实践任务。思考并写出警察积极应对创伤事件的一些方法。同时思考并注意一个人的应对方式如何有助于警务实践。

倦怠和警务

在很多职业中，职业倦怠都是一个众所周知的现象，它的特征是极度疲劳、挫败感、愤怒、愤世嫉俗，以及一种无能和失败的感觉（Maslach & Goldberg, 1999）。职业倦怠对个体而言代价很高，会造成健康问题、心理问题及个人和社会功能障碍（Maslach & Goldberg, 1998）。倦怠一般被定义为一种包含三个元素的心理症状："情感疲劳"（过度消耗情感及情感资源耗尽）、"人格解体"（一种对他人消极、冷漠或过度冷淡的反应）、"个人成就感降低"(感到工作能力和生产力下降)(Maslach,1993;Maslach & Goldberg,1998)。毫无疑问,警察工作是一份有压力的工作,需要面对暴力、攻击和不同类型犯罪/犯罪者的威胁,以及应对不同的受害者和人们的悲剧,这些都会增加压力。警察要警惕"压力"过大,不然会变得"倦怠"。倦怠会带来严重的问题,一项研究显示,使用暴力与倦怠有着密切的关系。虽然人格解体才是警方出现暴力的预警器,但有研究发现,相比女性警员和没有情感疲劳的警员来说,倦怠的男性警员会使用更多暴力(Kop et al.,1999)。这导致科普(Kop)等人提出,警察人事管理应该严肃认真地对待一般性倦怠,尤其是警察中的人格解体问题,以防该现象升级和发生暴力行为(1999,p338)。一项研究关注警察家庭中的家庭暴力与警察接触暴力之间的关系,结果显示,倦怠直接或间接地影响了配偶虐待事件的发生(Johnson et al.,2005)。

然而,一项关于倦怠和警务的惊人发现指出了警务工作积极的一面。研究显示,警察职业倦怠的总体水平与其他职业群体相比并不算高(Kop et al.,1999;Martinussen et al.,2005)。警察的情感衰竭水平相对较低,而人格解体和个人成就则与其他人群相当(Kop et al.,1999;Martinussen et al.,2005)。所以,注意到警察工作的积极和有益因素是十分重要的,例如警察的工作内容多样、有趣,回报感和同事之间的关系也很好。虽然警察是一份有压力的职业,但也不是始终都是这样,警员也有时间来恢复。有很多警员能够将工作的压力和有益的方面处理得很得当（Kop et al., 1999）。但是对于警务部门来说，它们仍然要注意职业倦怠的影响，尤其是要考虑到工作—家庭压力和缺乏支持，这两个因素已被发现与枯竭的各个方面都有关（Martinussen et al., 2005）。当我们考虑前面所提到的约翰逊（Johnson et al., 2005）等人的发现时，这点就变得愈加重要了。马蒂尤森（Martinussen, et al., 2005）等人提出，警务部门应该重视并改进工作条件以减少工作—家庭压力，这样会让警察更容易将两种角色（父母/配偶和警察）结合得更好。

案例分析

吉姆是一个有经验的警察，你已经和他共事了很长一段时间。最近你注意到他的行为有些改变。一天晚上，你们被派去处理一起家庭暴力案件，案件中男女双方都喝醉了，男的开始动粗，吉姆对此感到愤怒并将其打倒在地。当这个人站起来的时候，吉姆将他推到墙上，这时你不得不阻止吉姆。最近吉姆变得有点退缩，做决策时犹豫不决并时常注意力不集中。他看上去比平时更加焦虑，也更容易对人发怒，无论是受害者还是罪犯。你还听说，他在轮班的空当常常待在当地酒吧里。当你问他是否有什么问题时，他断然回答说："没事，我很好，管好你自己的事儿吧。"

> **思 考**
>
> - 在以上案例中，吉姆是否正在承受压力和/或职业倦怠？他表现出了什么症状？吉姆是如何应对的？他的应对方式是什么？他该如何改变？
> - 想想你该如何帮助吉姆？他会接受怎样的支持和帮助？

糟糕的应对，或好警察变坏时

克勒斯曾经有过一个著名的论断，在经过多年的警察工作后，很少有警察不表现出一些负面人格（1985，p21）。这个类似宿命论的观点可能有一些夸张，尤其是，有研究显示大多数警察所经历的压力并不是来自于工作内容，而是来自于组织化程序和糟糕的管理。但是，这确实指出了一些问题，警方工作的特征和相关压力可能会是某些警察抛弃自己角色并从事犯罪活动的部分原因。温特（Winter，2003）将这种现象称为"警察到罪犯的转换"，这是一个人转变立场的过程，即从执法者到违法者的转变。这种事件的发生是由于心理或情绪问题没有得到正确处理或应对。在这种情况和压力下，个体会限制自己的思维，认为某人、某事或某种情境"非黑即白"或"要么……要么……"例如，警察可能会极端地臆测某人要么是"罪犯"，要么是"警察"。当面对高压力、焦虑和冲突时，警察可能看不到任何可改变之处，然后任由自己走向另一个极端"犯罪"。对暴力罪犯的研究发现，

7 压力、倦怠、应对和警务

罪犯思考问题的方式很受限,这意味着他们在面临个人内在冲突时很少有别的选择(Winter,2003)。

警察暴力、反社会行为和犯罪之间的关系十分复杂,因为这是由多种内在和外在因素引发的。有大量关于内在因素的研究,这些研究聚焦于警察人格、态度、价值观、压力和性格(Ross,2010)。如前面所讨论,警务压力和糟糕的应对会导致反社会行为、配偶间虐待和警察暴力。科普等人(1999)发现了职业倦怠和警察暴力之间的关系,他们认为这可能出于两个原因:第一,当公民被当作非人物体时,针对他们的暴力就可能出现(当这名警察正在经受人格解体的痛苦时,这种事件更可能会发生);第二,处于压力下或情感衰竭的警察,几乎没有可选择的建设性方法来处理问题和冲突(Kop et al.,1999)。(这可与温特的观点联系起来,他的观点是,警察的受限思维会使其选择性缺乏,从而导致警察到罪犯的转变。)这一观点也支持了有关警察应对策略的文献中的发现,文献中指出压力、焦虑和职业倦怠与回避应对方式有关(Gershon et al.,2009)。此外,如果警员报告说他们体验到高压力,则其出现不良健康状况,如沮丧、职业倦怠和创伤后应激障碍的危险也在增加。

思 考

批判地思考克勒斯的论点(如上):在经过多年的警察工作

后，很少有警察不表现出一些负面人格，然后思考以下内容：

- 参考本章的内容，批判性地思考警务工作是否会导致负面人格，或导致其他不良心理问题。
- 警察应该以何种方式来避免不良心理问题，适当地应对他们在工作和日常生活中的压力源。
- 你认为警察面临压力和职业倦怠的风险比其他健康或社会职业，如护士和社会工作者，更加严重吗？为什么？

警察是情感劳工

虽然警察队伍中的某些"大男子主义"元素会反驳这一说法，但可以证实的是，警察之所以是"情感劳工"，是因为在日常工作中他们不得不主动投入情感（Cornelius, 2000；Winter, 2003）。"情感劳工"涉及雇员（此处指警察）如何在工作中调节自己的情绪以及这样做的后果是什么（Van Gelderen et al., 2007）。情感劳工的表达规则十分重要，表达规则是指个体在特定场合下表达何种情绪才是适宜的。由于情感劳动与规则有关，所以它有可能会引起"感情展现的不协调"，这和职业倦怠及心理健康受损有关（Van Gelderen et al., 2007）。感情展现的不协调指的是感受到的情绪与工作环境所要求的情绪表达之间存在矛盾。例如，你对一个刚打了自己妻子的人感到愤怒，但是你必须表现出一种冷静和专业的态度。同样，你可能感到愤怒，但同时又要表达对受害者的怜悯和同情（Bakker & Heuven, 2006）。所

7 压力、倦怠、应对和警务

以，警察必须管理好自己的情绪，保持中立的身体姿势和面部表情，并控制自己。有些情绪需要被压抑，这样才能适当地处理和操控冲突情境（Bakker & Heuven，2006）。

警察要主动投入并管理自己的情绪，这会引起情感衰竭和职业倦怠，也可能会导致其想法和思维方式"受到限制"。当面对自己思维不协调时，人们会限制自己的知觉场（非黑即白的想法），使不协调最小化并使自己对事件的预测简单化（Winter，2003）。但是这种思维方式有着严重的后果，回想第3章中关于刻板印象和判断的内容——如果警察的想法被限制，他们可能会做出刻板的或带有偏见的解释（考虑以下判断的后果：所有穿连帽衫的年轻黑人都不是好人，或者某个特定区域的人都是罪犯）。"刻板的解释"限制了一个人的观察视角，如我们所见，这会导致某些警察从执法者转变成违法者。温特（2003）提出，通过使用更好的警察训练计划（帮助拓展警察的思维），警察招募中采用互补型评估和对处于压力下的警察进行积极治疗等方法可以克服这些矛盾和限制。

思 考

- 当我们说警察是"情感劳工"时，我们是什么意思？这对关于警察的传统看法有什么影响？

- 思考本节并想一下，在你的工作中投入情绪是什么意思。这会对你有什么影响，可能会造成何种张力？

本章小结

本章考察了警察面临的两个重要问题：压力和职业倦怠，以及压力在警察人群中如何体现出来。我们已经考虑了压力及其与应对策略和过程的关联，以及在警察工作中占主导地位的回避策略的潜在危害。本章强调，与面对暴力或创伤事件相比，组织性或结构性的因素会给警察带来更大压力。我们还论及了警察工作的压力源及其对个体的长期影响。虽然本章主要强调警务工作中的压力问题，但应该注意的是，大多数警察都认为自己的角色是积极并有益处的，很多警察都能很好地应对压力。

然而，依然有大量警察报告说他们出现不良的心理现状，所以对警察个人和组织来说本章都是很重要的一章。对组织而言，组织需要认真对待每个警察的压力和职业倦怠，这种压力和职业倦怠会对警察个体、他们的家庭和广大社会产生严重的后果。对个体而言，他们需要认识到压力是日常生活的一个过程，每个人都会经历到，但是警察的性质决定了他们比常人更容易体验压力。警察要能够辨认压力信号，并知道如何通过官方和非官方网站来获得帮助。在寻求帮助时，警察需要有一种可获得支持的感觉，这种寻求帮助不应被视为软弱或失败。好警察知道自己的极限和能力，也知道所有人都会经历压力，更重要的是，他们知道如何处理并应对压力。

FURTHER READING

Gershon, RM Barocas, B, Canton, AN, Li X and Vlahov, D (2009) Mental, Physical and Behavioural with Perceived Work Stress in Police Officers. *Criminal Justice and Behavior*, 36 (3): 275 –89.

Toch, H (2002) *Stress in Policing*. Rockville, MD: National Criminal Justice Reference Services.

Winter, D (2003) Stress in Police Officers: A personal construct theory perspective, in Horley, J (ed.) *Personal Construct Perspectives on Forensic Psychology*. Hove: Brunner – Routledge.

REFERENCES

Ainsworth, PB (2002) *Psychology and Policing*. Cullompton: Willan.

Bakker, AB and Heuven, E (2006) Emotional Dissonance, Burnout, and In – rolPerformancee among Nurses and Police Officers. *International Journal of Stress Management*, 13 (4): 423 –40.

Billings, AG and Moos, RH (1981) The Role of Coping Resources in Attenuating the Stress of Life Events. *Journal of Behavioral Medicine*, 4: 139 –57.

Bradway, J (2010) Gender Stress and Differences in Critical Life Events among Law Enforcement Officers. *Journal of Public Service eLearning*, 1 (5): 1 –22.

Brehm, SS, Kassin, SM and Fein, S (1999) *Social Psychology*. New York: Houghton Mifflin.

Carroll, M (2006) Key Issues in Coaching Psychology Supervision. *The Coaching Psychologist*, 2 (1): 4 –8.

Copley, S (2011) *Reflective Practice for Policing Students*. Exeter: Learning Matters.

Cornelius, N (2000) Difference, Inclusion, and Exclusion among 'Emotional Labourers': A search for meanings, in Fisher, JM and Cornelius, N (eds) *Challenging the Boundaries: PCP perspectives for the new millennium. Farnborough: EPCA.

Folkman, S and Moskowitz, JT (2004) Coping: Pitfalls and promise. *Annual Review of Psychology*, 55: 745 –74.

Gershon, RM, Barocas, B, Canton, AN, U, X and Vlahov, D (2009) Mental, Physical and Behavioural Outcomes Associated with Perceived Work Stress in Police Officers. *Criminal Justice and Behaviour*, 36 (3): 275 –89.

Haarr, RN (2005) Factors Affecting the Decision of Police Recruits to 'Drop Out' of Police Work. *Police Quarterly*, 8 (4): 431 –53.

Holmes, TH and Rahe, RH (1967) The Social Readjustment Scale. *Journal of Psychosomatic Research*, 11 (2): 213 –18.

Janoff – Bulman, R and Timko, C (1987) Coping with Traumatic Life Events: The role of denial in light of peopled assumptive worlds, in Snyder, CR and Ford, C (eds) *Coping with Negative Life Events: Clinical and social psychological perspectives*. New York: Plenum.

Johnson, LB, Todd, M and Subramanian, G (2005) Violence in Police Families: Work – family spillover. *Journal of Family Violence*, 20: 3 –12.

Kop, N, Euwema, M and Schaufeli, W (1999) Burnout, Job stress and Violent Behaviour among Dutch Police Officers. *Work & Stress*, 13 (4): 326 –40.

Kroes, WH (1985) Society's Victim: *The police officer*. Springfield, IL: Thomas.

Lazarus, RS and Folkman, S (1984) *Stress, Appraisal and Coping*. New York: Springer.

Martinussen, M, Richardson, AM and Burke, RJ (2005) Job Demands, Job Resources, and Burnout among Police Officers. *Journal of Criminal Justice*, 35: 239 –49.

Maslach, C (1993) Burnout: A multidimensional perspective, in Schaufei, C, Maslach, C and Marek, T (eds) *Professional Burnout: Recent developments in theory and research*. Washington, DC: Taylor and Francis.

Maslach, C and Goldberg, J (1998) Prevention of Burnout: New perspectives.

Applied & Preventative Psychology, 7: 63 – 74.

Morash, M, Kwak, D – H, Lee, CH, Cho, SH and Moon, B (2008) Stressors, Coping and Strategies, and Police Stress in South Korea. *Journal of Criminal Justice*, 36 (3): 231 – 9.

Railings, M (2002) The Impact of Offending on Police Officers. *Issues in Forensic Psychology*, 3: 20 – 40.

Ross, J (2010) *Policing Issues: Challenges and controversies*. London: Jones & Bartlett Learning International.

Sewell, JD (1983) The Development of a Critical Life Events Scale for Law Enforcement. *Journal of Police Science and Administration*, 11 (1): 109 – 16.

Sime, JA (2007) Designing Emergency Response Training: Seven ways to reduce stress, *in Proceedings of the IADIS International Conference on Cognition and Exploratory Learning in Digital Age*. Online at www.iadis.net/dl/final_ uploads/200714L006.pdf (accessed 30 November 2011).

Van Gelderen, B, Heuven, E, Van Veldhoven, M, Zeelenberg, M and Croon, M (2007) Psychological Strain and Emotional Labour among Police Officers: A diary study. *Journal of Vocational Behaviour*, 71: 446 – 59.

Van Hasselt, VB, Sheehan, DC, Malcolm, AS, Sellers, AH, Baker, MT and Couwels, J (2008) The Law Enforcement Officer Stress Survey (LEOSS): Evaluation of psychometric properties. *Behaviour Modification*, 32 (1): 133 – 51.

Violanti, JM, Fekedulegn, D, Hartley, TA, Andrew, ME, Charles, LE, Mnatsakanova, A and Burchfiel, CM (2006) Police Trauma and Cardiovascular Disease: Association between PTSD symptoms and metabolic syndrome. *International Journal of Emergency Mental Health*, 8 (4): 227 – 37.

Winter, D (2003) Stress in Police Officers: A personal construct theory perspective, in Horley, J (ed.) *Personal Construct Perspectives on Forensic Psychology*. Hove: Brunner – Routledge.

Zeidner, M and Saklofske, DS (1996) Adaptive and Maladaptive Coping, in Zeidner, M and Endler, NS (eds) *Handbook of Coping*. New York: Wiley.

USEFUL WEBSITES

http//helpguide. org/mental/stress_ signs. htm – Helpguide. org's Understanding Stress

www. anxietyuk. org. uk/about – anxiety/stress/? gclid = CMDe6KmF8KoCFcUMt AodKRNJOQ – AnxietyUK, information on stress

www. bbc. co. uk/health/emotional_ health/mental_ health/mind_ stress. shtml – BBC Health information on the consequences of too much stress, and links to useful organisations

www. greenmedicolegal. com/PTSDPOLICE. pdf – A report on PTSD in UK police officers by Ben Green

www. hse. gov. uk/stress – Health and Safety Executive, help for work – related stress

www. nhs. uk/Conditions/Stress/Pages/Introduction. aspx – NHS Choices, information on managing stress

www. nhs. uk/Livewell/workplacehealth/Pages/reducestress. aspx – NHS Choices, stress test and stress checklist

www. npia. police. uk – National Policing Improvement Agency

www. skillsforjustice. com/What – we – do/For – individuals/Careers/Careers – Choices/Policing – Law – Enforcement – Skills for Justice, Policing & Law Enforcement

www. stress. org. uk – Stress Management Society

8 结 论

本书探讨了心理学在警务工作各方面的应用，运用一系列的心理学理论、概念和研究来探索现代警务工作中心理学的关联性和影响。本书聚焦于警务工作中的关系，如有效人际沟通技巧的重要性。由于"顾客满意度"成为警方工作的成果，所以这些变得越来越重要。本书还重点介绍了犯罪行为、刻板印象、侦查心理学、受害者和工作人员的倦怠，并说明了如何将心理学原理应用于这些领域，使其对警务工作产生益处。

虽然心理学和警务之间的关系有时并不是很融洽，双方会相互怀疑。但是现在有了双边的尊重和认识，每一方都能为另一方的学术和学科做出贡献。近来，经过相对较短的一段时间，心理学和警务之间有了更多的合作。的确，在 20 世纪 60 年代之前，心理学或心理服务与执法部门之间的互动是非常少的。它们的关系已经从疏远，甚至无关，发展到现在的枝繁叶茂，并在警务实践的多个方面都普遍可见（Weiss & Inwald，2010）。由于警察的日常工作仍然是关注社区和公共安全，所以这种关系必将开花结果（Weiss & Inwald，2010）。

本书重点

第 2 章列出了一些可解释犯罪行为的重要心理学理论。这有助于警员作出有效的和更明智的决策，也能防止他们对他人作出刻板的或过分简单化的理解。扫描、分析、反应和评估（SARA）模型在警察训练中常被用到（尤其涉及社区和问题导向的警务），所以对心理学理论的理解有助于警察作出合适的"反应"或行动（see. e. g.，Haar，2001）。现在，要求警察参与到社区中，与他们所辖的社区合作并帮助改善这个社区，这种模式已经将警察与社区联系起来（Haar，2001）。这就意味着，在一系列的警务实践中有效的决策、沟通与人际关系技能是非常重要的（本书中多次强调了这些，详见第 4 章和第 6 章）。

第 3 章重点介绍了警务工作中刻板印象和偏见归因的严重性。斯卡曼和麦克弗森（Scarman & Macpherson）的报告强调了警力中的制度性种族歧视。BBC 纪录片（《秘密警察》，2006）曝光了警察内部的种族歧视事件。不言而喻，这种状况令人完全无法接受，但是想从事警务工作的学生和警员却需要意识到自身的偏见，并警惕刻板印象的危险性。这一点极其重要，因为警察在判断中不能抱有偏见，否则他们会面临作出歧视行为的风险。

8 结 论

近期的一些研究发现，虽然高层管理者很重视警察种族歧视事件，但是在操作层面却并非如此。在基层警察中有种趋势，警察容易将黑人和少数种族社区视为麻烦和犯罪源。这种主导态度很有可能会对警务实践产生不利影响，导致糟糕的警务工作，引发种族动机犯罪（Patel，2011）。有研究强调，种族刻板印象和其他负面态度很难从警务实践中被移除（Patel，2011）。因此，第3章重点在于刻板印象和偏见是如何形成的，并强调了哪些心理学原理会驱动刻板印象思维。

第4章主要介绍了有效的人际交往和沟通技能及其在警务工作中的重要性。这一章描述了一些与讯问受害者和罪犯有关的关键因素。第5章讨论了不同的犯罪画像方法和主要方法的优缺点。该章还强调了画像对于警务工作的益处。第6章考察了受害者与警方之间的关系，以及这种关系对于受害者刑事司法体验的重要性。该章还强调了受害的后果，并着重介绍了犯罪受害者的创伤后应激障碍（PTSD）。最后，第7章强调警察的职业倦怠和压力。该章指出，虽然大多数警察在自己的工作中表现积极，但是警务工作中本来就会存在压力，这种压力会造成额外的工作相关压力并会波及警员的私生活。该章还强调了自我关怀的重要性，以及针对警察开放的资源，无论是在警察系统内部还是外部。

未来的方向

在本书中，我们了解到心理学研究、观点和理论可以影响警务工作的多个方面，从对受害者和嫌疑犯的讯问，以及与他们的互动，到帮助侦查。心理学确实可被运用到刑事司法过程（如法庭）中的很多方面，同时也能被用于执法。近年来，心理学和心理学家对这些过程的影响在增加，但是仍然还有大量的工作要做。警探、律师、法官和刑事司法系统中的其他工作人员存在的一个主要问题是，他们没有接受任何包含心理学理论的训练，他们几乎不能理解基础的心理过程（Williamson，2007）。这种认识上的缺乏从专家证词中就可以看出。的确，法庭并不热衷将心理学家作为专家，R v. Turner（1975）的案例意味着心理学知识通常被视为"常识和经验"。因此，心理学家仅被限于提供个体精神反常的证词。直到 R v. Emery（1993）的案件，心理学证据才被作为一种复杂的、超出公众知识的证据（Kapardis，2010）。

显然，心理学还有很长的路要走，还需要对警务和刑事司法提供多方面的帮助。在美国，"警务心理学"是一门广为人知的学科，这是由于心理学已被用于审查和挑选警员、警察训练和咨询。此外，他们还对侦查及其他警务领域提供协助，例如讯问和人质谈判（Bartol & Bartol，2011）。在英国，心理学家在警务工作中所起的作用仍然相对较小，最大的进步可能就是在侦查方面的运用。但是，如威廉森（Williamson，2007）所提到的，心理学最大的挑战在于，如何使探员、律师和法官们相信，他们需要对罪犯和犯罪行为的心理学过程有一个更好的理解。心理学能够给探员们提供的一个好处是通过侦查心理学来实现的。然而，如果心理学想要超越传统的犯罪画像，则需要建立一个坚实的科学基础，这就要求收集数据、数据库、网络和分析工具，这些能够使画像从演绎调查发展为一种依靠归纳和以知识为基础的调查。

最后，为了回应安斯沃思（2002）的观点，希望通读过此书的学生、警察以及那些想进入警察系统工作的人，能够更加相信并重视心理学为警务工作所提供的帮助，及心理学在这个领域所做出的贡献。给人以希望的是，我们已经很清楚心理学在警务工作中扮演着关键角色，虽然这个角色并不总是被明确地认识到。

本章小结

本书强调大多数警务工作与他人有关——报案的人，作为目击者的公众，需要支持和建议的受害者。所以，警察所做的很多工作都是关系性的，互动性的——这些工作会涉及其他人。因此，本书聚焦于与人际交往技巧和有效人际交往相关的关键事项。

虽然心理学和警务的联系已经很紧密了，但仍然有很大的发展空间，尤其是在警员的训练与招募方面。在英国，心理学和心理学家并不会像在美国那样主动参与警员的训练。在美国，心理学家会参与训练、招募和多方面的任务（很多人还会提供咨询服务）（Weiss & Inwald，2010）。虽然英国警方还没有完全接纳心理学的潜在益处（也许执法机构永远不会完全接受——See White & Honig，1995），但本书还是充满希望地强调，心理学可以为警务实践提供很多帮助，并且这种帮助确实是有效的，这种帮助会为警务工作的诸多方面增添价值。

REFERENCES

Ainsworth, PB (2002) Psychology and Policing. Cullompton: Willan.

Bartol, CR and Bartol, AM (2011) *Introduction to Forensic Psychology*. London: Sage.

Haar, RN (2001) The Making of a Community Police Officer: The impact of basic training and occupational socialization of police recruits. *Police Quarterly*, 4 (4): 402 – 33.

Kapardis, A (2010) Psychology and the Law: *A critical introduction*. Cambridge: Cambridge University Press.

Patel, TG (2011) Policing Racist Incidents: Views and experiences of officers within the Police Service of Northern Ireland. *The Journal of Criminal Justice*, 1 (2): 1 – 16.

Weiss, PA and Inwald, R (2010) A Brief History of Personality Assessment in Police Psychology, in Weiss, PA (ed.) *Personality Assessment in Police Psychology: A 21st century perspective*. Springfield, IL: Charles C Thomas.

White, EK and Honig, AL (1995) The Role of the Police Psychologist in Training, in Jurke, Ml and Scrivener, EM (eds) *Police Psychology in the 21st Century*. Hillsdale, NJ: LEA.

Williamson, T (2007) Psychology and Criminal Investigation, in Newburn, X Williamson, T and Wright, A (eds) *Handbook of Criminal Investigation*. Cullompton: Willan.